SV

Theodor W. Adorno

Zur Bekämpfung des Antisemitismus heute

Ein Vortrag

Mit einem Nachwort von Jan Philipp Reemtsma

Suhrkamp

Klimaneutral
Druckprodukt
ClimatePartner.com/14438-2110-1001

2. Auflage 2024

Erste Auflage 2024
Originalausgabe

Umschlaggestaltung: Hermann Michels und Regina Göllner
Satz: Satz-Offizin Hümmer GmbH, Waldbüttelbrunn
Druck: CPI books GmbH, Leck
Printed in Germany
ISBN 978-3-518-58823-9

www.suhrkamp.de

Inhalt

ZUR BEKÄMPFUNG
DES ANTISEMITISMUS HEUTE

Vorbemerkung

So dankbar der Autor die Initiative des Deutschen Koordinierungsrates der Gesellschaften für christlich-jüdische Zusammenarbeit zu schätzen weiß, welcher seinen Vortrag den Teilnehmern der Europäischen Erzieherkonferenz als Druck zugänglich machen möchte, so sehr zögert er gleichwohl, der Publikation zuzustimmen. Er ist sich dessen bewußt, daß in seiner Art von Wirksamkeit gesprochenes und geschriebenes Wort noch weiter auseinander treten als heute wohl durchweg. Spräche er so, wie er um der Verbindlichkeit der sachlichen Darstellung willen schreiben muß, er bliebe unverständlich; nichts aber, was er spricht, kann dem gerecht werden, was er von einem Text zu verlangen hat. Je allgemeiner die Gegenstände sind, um so mehr verstärken sich die Schwierigkeiten für einen, dem jüngst ein Kritiker freundlich attestierte, seine Produktion gehorche dem Satz »Der liebe Gott wohnt im Detail«. Wo ein Text genaue Belege zu geben hätte, bleiben dergleichen Vorträge notwendig bei der dogmatischen Be-

hauptung von Resultaten stehen. Er kann also für das hier Gedruckte die Verantwortung nicht übernehmen und betrachtet es lediglich als Erinnerungsstütze für die, welche bei seiner Improvisation zugegen waren und welche über die behandelten Fragen selbstverständlich weiterdenken möchten auf Grund der bescheidenen Anregungen, die er ihnen übermittelte. Darin, daß allerorten die Tendenz besteht, die freie Rede, wie man das so nennt, auf Band aufzunehmen und dann zu verbreiten, sieht er selber ein Symptom jener Verhaltensweise der verwalteten Welt, welche noch das ephemere Wort, das seine Wahrheit an der eigenen Vergänglichkeit hat, festnagelt, um den Redenden darauf zu vereidigen. Die Bandaufnahme ist etwas wie der Fingerabdruck des lebendigen Geistes. Indem der Autor von der liebenswürdigen Bereitschaft des DKR Gebrauch macht, all das unumwunden auszusprechen, hofft er, wenigstens einigen der Mißdeutungen vorzubeugen, denen er sonst unweigerlich sich aussetzte.

T. W. A.

Meine sehr verehrten Damen und Herren,

ich fühle mich etwas in die Situation des Hans Sachs gedrängt, wenn er sagt: »Euch macht Ihr's leicht, mir macht Ihr's schwer, gebt Ihr mir Armem zuviel Ehr'.« Sie dürfen also nicht zuviel erwarten von dem, was ich Ihnen zu sagen habe.

Ich möchte mich ganz einfach beschränken auf die Diskussion einiger kritischer Punkte. Ich werde versuchen, nichts zu sagen, was Ihnen allen mehr oder minder vertraut, sondern das eine oder andere, was vielleicht nicht so im allgemeinen Bewußtsein gegenwärtig ist.

Über den Antisemitismus heute und seine mögliche Abwehr zu sprechen, scheint zunächst ein wenig anachronistisch, weil, wie man so sagt, der Antisemitismus in Deutschland kein aktuelles Problem darstelle. Das wird Ihnen bestätigt werden etwa durch die Erhebungszahlen der Meinungsforscher, vor allem der kommerziellen Meinungsforschungs-

Institute, die uns dauernd darüber berichten, daß die Zahl der Antisemiten abnehme. Die Gründe dafür sind zunächst einmal sehr handgreiflich: einmal die offiziellen Tabus, die in unserer Gesellschaft heute, in Deutschland jedenfalls, über dem Antisemitismus liegen, dann das Furchtbare, daß es in Deutschland kaum noch Juden gibt, an die sich das antisemitische Vorurteil heften könnte. Ich möchte dies alles nicht leugnen, aber ich glaube doch, daß die Frage nicht so einfach ist wie ihre statistische Struktur. Sie dürfen nicht annehmen, der Antisemitismus sei ein isoliertes und spezifisches Phänomen. Sondern er ist, wie Horkheimer und ich das seinerzeit in der »Dialektik der Aufklärung« ausgedrückt haben, der Teil eines ›Tickets‹, eine Planke in einer Plattform. Überall dort, wo man eine bestimmte Art des militanten und exzessiven Nationalismus predigt, wird der Antisemitismus gleichsam automatisch mitgeliefert. Er hat sich in solchen Bewegungen bewährt als das Mittel, das die sonst sehr divergierenden Kräfte eines jeden Rechtsradikalismus auf die gemeinsame Formel zu bringen geeignet ist. Dazu kommt, daß das Potential durchaus überlebt hat. Sie brauchen sich dazu nur die rechtsradikale Presse in Deutschland anzusehen, von der es eine erkleckliche Anzahl von Repräsentanten gibt, und Sie werden vielen Äußerungen begegnen, die man als krypto-antisemitisch zu deklarieren vermag, die durch ihre Implikationen, auch durch einen gewissen Gestus des Augenzwinkerns, den Antisemitismus nähren. Schließlich ist es so, daß wir auch gerade in unserer Arbeit am Frankfurter Institut für Sozialforschung einigen Anlaß haben, den schönen Zahlen, die uns von den Meinungsforschungs-Instituten an die Hand gegeben werden, nicht so absolut zu vertrauen. So hat es sich beispielsweise vor einiger Zeit bei einer Erhebung herausgestellt, daß Kinder aus kleinbürgerlichen und zum Teil auch aus proletarischen Kreisen eine gewisse Neigung zu antisemitischen Vorurteilen haben. Wir bringen das damit zusammen, daß die Eltern dieser Kinder seinerzeit zu der aktiven Gefolgschaft des Dritten Reiches gehörten. Sie sehen heute nun sich gezwungen, ihren Kindern gegenüber ihre damalige Haltung zu verteidigen, und werden dadurch fast automatisch veranlaßt, ihren Antisemitismus aus den dreißiger Jahren aufzuwärmen. Unser Mitarbeiter Peter Schönbach hat dafür den recht glücklichen Ausdruck eines »sekundären Antisemitismus« geprägt. Diesen Dingen wäre nachzugehen. Wichtig wäre dabei, von vornherein die Aufmerksamkeit auf die spezifischen Gruppen zu richten, innerhalb deren dies Nachleben des faschistischen Antisemitismus zu beobachten ist. Jede Forschungsarbeit in dieser Zone muß geleitet sein von dem Gedanken der Notwendigkeit, solche Phänomene und Manifestationen zu begreifen und sich einzugestehen, anstatt sich zu entrüsten. Nur wenn man auch das Alleräußerste – nicht einfühlend, sondern schematisch – noch zu verstehen vermag, wird es einem möglich sein, sinnvoll und mit Wahrheit dagegen zu wirken. Ein Symptom für die mächtige kollektive Gewalt der Abwehr des gesamten Schuldzusammenhangs der Vergangenheit ist die begeisterte Aufnahme, die seit einiger Zeit in Deutschland eine Reihe von angelsächsischen Autoren finden, die in bezug auf die Kriegsschuldfrage Deutschland zu entlasten scheinen. Sie werden enthusiastisch zitiert, auch wenn sie selber dem Tenor ihrer Bücher nach alles andere als deutschfreundlich sind. Man kann wahrscheinlich sagen, ohne Gewaltsamkeit unterstellen, daß überall, wo solche Wirkungen stattfinden, aus purem Drang zur kollektiven Selbstverteidigung heraus auch der Antisemitismus des Dritten Reiches irgend apologetisch erklärt wird. Sobald man ihn sich aber einmal plausibel macht, etwa durch das Argument, der Einfluß der Juden damals sei wirklich ungebührlich groß gewesen, ist bereits ein Weg gebahnt, der zu dem unmittelbaren Wiederaufleben des Vorurteils selber führen kann. Man hört denn auch dementsprechend recht häufig, daß man den Juden heute, deren Anzahl, wie gesagt, ja wirklich verschwindend gering ist, keinen zu großen Einfluß einräumen, daß man sie nicht in hohe Ämter zulassen sollte und ähnliches. Lassen Sie mich gleich vorweg sagen, daß ich es deswegen, im Sinne der Abwehr des Antisemitismus, nicht für richtig fände, etwa den Einfluß der Juden in der Weimarer Republik zu leugnen. Wenn man sich auf eine solche Kasuistik, gar auf ein Herumwürfeln mit Zahlen einläßt, ist man von vornherein im Nachteil. Man muß viel radikaler argumentieren: sagen, daß in einer Demokratie überhaupt die Frage nach dem Anteil verschiedener Bevölkerungsgruppen an verschiedenen Berufen von vornherein das Prinzip der Gleichheit verletzt. Ich sage Ihnen das, weil mir hier ein Modellfall gegeben zu sein scheint für Probleme der Gegenargumentation gegen den Antisemitismus, mit denen wir ständig konfrontiert sind.

Ich hatte Sie aufmerksam gemacht auf das Phänomen des versteckten Antisemitismus heute, mit dem man es auf Grund der offiziellen Tabus zu tun hat. Dieser Krypto-Antisemitismus ist eine Funktion der Autorität, die hinter dem Verbot offener antisemitischer Manifestationen steht. Es liegt aber in diesem Versteckten selbst ein gefährliches Potential; das Tuscheln, das Gerücht (ich habe einmal gesagt, der Antisemitismus sei das Gerücht über die Juden), die nicht ganz offen zutage liegende Meinung war von jeher das Medium, in dem soziale Unzufriedenheiten der verschiedensten Art, die in einer gesellschaftlichen Ordnung sich nicht ans Licht trauen, sich regen. Wer sich derart der Meinung, dem Gerücht zuwendet, wirkt von vornherein so, als ob er einer heimlichen, wahrhaften und durch die Oberflächenformen der Gesellschaft nur unterdrückten Gemeinschaft angehörte. Darauf spekuliert tatsächlich einer der wesentlichen Tricks von Antisemiten heute: sich als Verfolgte darzustellen; sich zu gebärden, als wäre durch die öffentliche Meinung, die Äußerungen des Antisemitismus heute unmöglich macht, der Antisemit eigentlich der, gegen den der Stachel der Gesellschaft sich richtet, während im allgemeinen die Antisemiten doch die sind, die den Stachel der Gesellschaft am grausamsten und am erfolgreichsten handhaben. Der Krypto-Antisemitismus führt von selbst auf den Autoritätsglauben. Das Problem der Autorität in der Bekämpfung des Antisemitismus nun liegt kompliziert. Man soll nicht, um eine gültige Formel zu gewinnen, die Phänomene dort vereinfachen, wo die Realitäten nicht einfach sind und widerspruchsvoll. Man soll nicht automatisch sagen: »Den Antisemitismus bekämpfen, das hieße autoritär sein, also soll man auch gegen den Antisemitismus keine Autorität einsetzen.« Ich kann Ihnen drastisch klarmachen, worum es sich hier handelt. Selbstverständlich darf man in keiner Sekunde die enge Verkoppelung des antisemitischen Vorurteils mit autoritätsgebundener Charakterstruktur und mit autoritären Mächten überhaupt verleugnen. Man wird dort, wo es sich um die formativen Prozesse der Persönlichkeit, also um Erziehung in einem allerweitesten Sinn handelt, ganz sicher der Bildung des autoritätsgebundenen Charakters entgegenarbeiten müssen, also konsequent antiautoritär im Sinne auch der Ergebnisse der modernen Erziehungswissenschaft sich zu verhalten haben. Aber wir haben es nicht nur mit Menschen zu tun, die wir bilden oder verändern können, sondern auch mit solchen, bei denen die Würfel bereits ausgespielt sind, vielfach solchen, für deren besondere Persönlichkeitsstruktur es charakteristisch ist, daß sie in einem gewissen Sinn verhärtet, nicht eigentlich der Erfahrung offen sind, nicht recht flexibel, kurz: unansprechbar. Diesen Menschen gegenüber, die im Prinzip selber lieber auf Autorität ansprechen und die sich in ihrem Autoritätsglauben auch nur schwer erschüttern lassen, darf auf Autorität auch nicht verzichtet werden. Wo sie sich ernsthaft vorwagen bei antisemitischen Manifestationen, müssen die wirklich zur Verfügung stehenden Machtmittel ohne Sentimentalität angewandt werden, gar nicht aus Strafbedürfnis oder um sich an diesen Menschen zu rächen, sondern um ihnen zu zeigen, daß das einzige, was ihnen imponiert, nämlich wirklich gesellschaftliche Autorität, einstweilen denn doch noch gegen sie steht. Auch die Argumentationen, die man ihnen gegenüber vorbringt, müssen von vornherein so angelegt sein, daß sie, ohne daß man dabei irgend von der Wahrheit abginge, Menschen erreichen können, die eine solche Charakterstruktur haben.

Spreche ich von Autorität, so ist es unvermeidlich, gerade in unserem Kreis, daß ich ein paar Worte sage auch über das Problem der religiösen Autorität, auf die sich zu berufen zunächst einmal eines der drastischsten Mittel der Abwehr von Rassevorurteilen erscheint. Ich bin mir dessen bewußt, daß eigentlich die aktiven und zuverlässigsten Kräfte, die sich heute in Deutschland überhaupt in der Abwehr von antisemitischen Regungen finden, vielfach religiösen Gruppen, und zwar beider großen christlichen Konfessionen gleichermaßen, angehören. Kaum muß ich eigens noch etwas über die große Dankbarkeit sagen, die man diesen Gruppen eben deshalb schuldet. Aber gerade weil diese Gruppen die Abwehr des Antisemitismus und das, was man in einem höheren Sinne Wiedergutmachung nennen könnte, so ernst nehmen, darf man vielleicht auch vor einem Mißverständnis warnen, das im Verhältnis zwischen positiver Religion und Antisemitismus leicht sich einstellt. Man soll nämlich nicht für selbstverständlich halten, daß der Appell an Religion unmittelbar dem Antisemitismus entgegenwirkt; vor allem soll man nicht deshalb, weil man selber zu einer religiösen Gruppe gehört, daraus nun etwas wie ein Vorrecht der Religion auf die Bekämpfung des Antisemitismus in dem Sinne ableiten, daß man gegen Antisemiten immer wieder und bei jeder sich bietenden Gelegenheit von Religion redet. Sonst ergibt sich sehr leicht die Gefahr dessen, was man mit einer amerikanischen Prägung ›preaching to the saved‹ nennt, denen predigen, die von vornherein schon gerettet sind. Das Verhältnis der Religion zum Antisemitismus ist das der Verpflichtung, ihm sich entgegenzusetzen, nicht das eines Monopols auf seine Abwehr. Dabei ist vor allem der Bewußtseinsstand der Antisemiten selber zu erwägen. Die Menschen, die man als Kerngruppen des Antisemitismus ansprechen kann, sind schwerlich religiösen Argumenten zugänglich. Ihnen imponiert zwar vielleicht die Macht der Kirchen als Institutionen, sie neigen aber im allgemeinen zu einer Art von naturalistischem Sozialdarwinismus, so wie er auch Hitlers Elaborat »Mein Kampf« durchzieht. Die antisemitischen Gruppen haben sozial sich in einem weiten Maß aus Schichten rekrutiert, die in doppelter Abwehr standen: auf der einen Seite gegen den Sozialismus, auf der anderen Seite gegen das, was ihnen Klerikalismus hieß. Sie verbinden einen gewissen Widerstand gegen konventionalistisch-konservative Mächte mit dem gegen die Arbeiterschaft. In Österreich war das ganz besonders markant: wer dort weder christlich-sozial noch Sozialdemokrat war, tendierte fast automatisch zum Deutschvölkischen und damit zum Antisemitismus. Von dieser Mentalität würde ich annehmen, daß sie auch heute weiterexistiert. Grundstrukturen der politischen Gruppierung haben eine merkwürdige Zählebigkeit, die offenbar selbst über die Weltuntergänge hinwegträgt, die wir schon mitgemacht haben. Daher kommen religiöse Argumentationen leicht in ideologischen Nachteil gegenüber Menschen, die schon von vornherein in einer Sphäre leben, die die religiöse gar nicht an sich herankommen läßt und in ihr nur den fiktiven ultramontanen Herrschaftsanspruch wittert. Auch die religiösen Gruppen – und das erfordert eine gewisse Selbstentäußerung – sollten versuchen, mit dem Antisemitismus auf dessen eigenem Boden zu kämpfen, auf der einen Seite also die Bildung antisemitischer Charaktere zu verhindern helfen, dort aber, wo sie bereits existieren, an das anzuknüpfen, was wir vom Bewußtsein und Unbewußtsein der Antisemiten wissen, und darüber hinaus zu gelangen, nicht aber einfach dagegen ihren Standpunkt behaupten und gar propagieren. Ich berühre damit die Stellung zum Problem der Propaganda insgesamt. Lassen Sie mich dem, ein wenig pointiert, eine These voranstellen: Antisemitismus ist ein *Massenmedium*; in dem Sinn, daß er anknüpft an unbewußte Triebregungen, Konflikte, Neigungen, Tendenzen, die er verstärkt und manipuliert, anstatt sie zum Bewußtsein zu erheben und aufzuklären. Er ist eine durch und durch antiaufklärerische Macht, trotz seines Naturalismus, und hat trotz seines Naturalismus auch von jeher im schroffsten Gegensatz zu der in Deutschland immer wieder beschimpften Aufklärung sich verstanden. Diese Struktur hat er gemeinsam mit dem Aberglauben, mit der Astrologie, die ebenfalls versucht, unbewußte Regungen zu verstärken und auszubeuten, und mit aller Propaganda dazu; sie tut stets dasselbe. Infolgedessen ist das, was man so Propagandamethoden nennt, von vornherein dem Antisemitismus gegenüber im Nachteil. Ich halte gerade diese rationale Fixierung irrationaler Tendenzen, ihre Bestätigung oder Reproduktion durch verschiedene Formen von Massenmedien heute für eine der gefährlichsten ideologischen Kräfte in der gegenwärtigen Gesellschaft. Bei Gelegenheit einer Arbeit gegen die kommerzielle Astrologie der Zeitungsspalten, die ich vor einiger Zeit veröffentlicht habe, hat ein bekannter Psychologe gegen mich polemisiert, ohne mich ausdrücklich zu nennen, und hat mir vorgeworfen, daß ich diese harmlosen Dinge überschätze; daß es doch eigentlich ganz schön wäre, wenn die Astrologie die Menschen dazu brächte, nett zueinander und beim Autofahren ein bißchen vorsichtiger zu sein. Ich will die Astrologie in ihrer Bedeutung nicht überschätzen, aber ich möchte doch ebenso davor warnen, sie zu unterschätzen. Die Tendenz, nicht etwa das schwelend Unbewußte aufzuklären, sondern es zu manipulieren und in den Dienst irgendwelcher Sonderinteressen zu bringen, liegt auch im antisemitischen Vorurteil. Ich könnte Ihnen den Nachweis erbringen, daß bis ins einzelne eine strukturelle Übereinstimmung der, lassen Sie mich sagen, ›astrologischen Stereotype‹ und der ›antisemitischen Stereotype‹ vorliegt und daß die Mechanismen, um die es sich dabei handelt, zugleich die Invarianten der Reklamepsychologie sind. Der Antisemitismus, könnte man sagen, ist so etwas wie die Ontologie der Reklame. Deshalb, meine ich, muß man sich gegen alles Reklameähnliche wehren. Wer gegen den Strom schwimmt, und wir müssen uns darüber klar sein, daß wir heute und in der jetzigen Situation mit unserer Arbeit gegen den Strom schwimmen, der darf sich nicht so benehmen, als ob er mit dem Strom schwämme. Es hilft nur emphatische Aufklärung, mit der ganzen Wahrheit, unter striktem Verzicht auf alles Reklameähnliche. Vergessen Sie nicht, daß die Abwehrmechanismen, mit denen wir zu rechnen haben, außerordentlich fein alles Reklameähnliche registrieren und eliminieren. Sehen Sie sich als Gradmesser die rechtsradikale Presse an. Sie werden darin höchst sicher immer wieder all das denunziert finden, was an Reklame irgend gemahnt. (Nebenbei bemerkt: Es wäre eine recht gute Schule für unsere Arbeit, wenn wir uns die Blättchen, um die es sich hier handelt, einmal recht genau ansehen und sie analysieren würden auf Grund der Stimuli – der Reize, die sie sehr schlau verwenden; wir könnten erschließen, was heute die anfälligsten Zonen sind, um unsere Arbeit danach wesentlich einzustellen.) Es gibt eine prinzipielle Allergie der Bevölkerung gegen die von allen Seiten der Welt heute losgelassene Reklame. Während aber die meisten im allgemeinen der Reklame wehrlos gegenüberstehen, wird dort, wo sie mit unbewußten Tendenzen so übereinstimmt wie im Falle des Antisemitismus, die Abwehr übertragen auf das, was man Gegenreklame nennen könnte; man wird hier auf besonders heftigen Widerstand stoßen. Die antisemitische Abwehr der Aufklärung konzentriert sich mit Vorliebe auf irgendwelche Fakten und Daten, die nicht absolut sicher sein sollen, wie etwa die Anzahl der ermordeten Juden, die Authentizität mancher Dokumente und ähnliches. Es wäre von vornherein falsch, sich dabei in die Kasuistik einzulassen. Statt dessen sollte man versuchen, zur Besinnung über die Formen des Denkens zu veranlassen, das sich darauf kapriziert, es wären nicht sechs, sondern *nur* fünf Millionen gewesen, und das dann von dort unmerklich, wie ich es wiederholt in rechtsradikalen Publikationen habe beobachten können, dazu übergeht, daß es am Ende nur ein paar Tausend gewesen seien. Generell ist es besser, über Strukturen der Argumentation aufzuklären, über die Mechanismen, die ins Spiel gebracht werden, als jeweils sich auf eine unendliche Diskussion innerhalb der Strukturen einzulassen, die von den Antisemiten gewissermaßen vorgegeben sind und durch die man a priori ihren eigenen Spielregeln sich unterwerfen würde. Beispiel: das beliebte Schema des Aufrechnens; daß es zwar wahr sei, soundso viele Juden wären umgebracht worden; »Krieg« – so wird einem dann bedeutet – »sei Krieg, dabei flögen eben Späne, aber

Dresden wäre doch auch entsetzlich gewesen«. Kein Vernünftiger wird das bestreiten, wohl aber das ganze Schema des Denkens, die Vergleichbarkeit von Kriegshandlungen mit der planmäßigen Ausrottung ganzer Gruppen der Bevölkerung. – Oder: »Es sei nun so lange Zeit vergangen, daß man endlich einen Schlußstrich zu ziehen habe«; ein Argument, das immer von denen vorgebracht wird, die das größte Interesse an einem solchen Schlußstrich haben. Zu antworten wäre nur, daß, solange eine Gesinnung fortlebt, die der gleicht, die das Grauen verübt hat, der Schlußstrich selber noch unzeitgemäß ist. – Oder das beliebte Argument: »Hitler hat in so vielem recht gehabt, er hat zum Beispiel die Gefahr des Bolschewismus rechtzeitig erkannt; nun, er wird schon mit den Juden auch nicht ganz unrecht gehabt haben.« Hier müßte man in die ganze politische Dialektik eintreten; erklären, daß die furchtbaren Konflikte, die heute die Welt bedrohen, wahrscheinlich niemals in dieser Weise sich konstituiert hätten, wenn nicht durch Hitler selber eine Situation geschaffen worden wäre, die dann zu dieser Drohung führte. – Ein besonders hintersinniges Argument ist: »Man darf ja gegen Juden heute nichts sagen.« Es wird sozusagen gerade aus dem öffentlichen Tabu über dem Antisemitismus ein Argument für den Antisemitismus gemacht: wenn man nichts gegen die Juden sagen darf, dann – so läuft die assoziative Logik weiter – sei an dem, was man gegen sie sagen könnte, auch schon etwas daran. Wirksam ist hier ein Projektionsmechanismus: daß die, welche die Verfolger waren und es potentiell heute noch sind, sich aufspielen, als wären sie die Verfolgten. Dem kann man nur dann begegnen, wenn man nicht etwa idealisiert, wenn man nicht etwa Lobreden auf große jüdische Männer hält oder hübsche Bilder von israelischen Bewässerungsanlagen oder Kibbuz-Kindern dort vorführt, sondern eben die jüdischen Züge, auf welche die Antisemiten deuten, erklärt, ihr Recht und ihren Wahrheitsgehalt darstellt. Überhaupt ist es viel besser, als die Juden zu verharmlosen und sie als eine Art von Lämmerchen oder Sonnenjünglingen vor Augen zu stellen, zu sagen, daß sie eine große, stürmische und wilde Geschichte hatten, in der es genausoviel Furchtbares gibt wie in der Geschichte anderer Völker auch. Abstoßend wäre ein sentimentales Reklamebild. Man darf auch nicht, wie es so vielfach geschieht, die Juden, sei es aus noch so guter Absicht, mit ihrer eigenen Religion identifizieren, unter dem Gesichtspunkt ihrer religiösen Taten und Leistungen versuchen, sie ›schmackhaft‹ zu machen, sondern keinesfalls verschweigen, daß sie mit dem bürgerlichen Zeitalter wesentlich Träger der Aufklärung waren, und man muß sehr dazu sich stellen. Keine mögliche Haltung gegen das antisemitische Potential, die nicht selber mit Aufklärung sich identifizieren müßte. Den Antisemitismus kann nicht bekämpfen, wer zu Aufklärung zweideutig sich verhält. Es ist nicht von sogenannten positiven Leistungen zu schwafeln (soviel derartige positive Leistungen selbstverständlich existieren), sondern gerade auf den Nervenpunkt einzugehen: das kritische Element im Geist der Juden, das verbunden ist mit ihrer gesellschaftlichen Mobilität. Dies kritische Moment ist als Moment der Wahrheit selber der Gesellschaft unabdingbar; es lag ursprünglich genau im Prinzip der gleichen bürgerlichen Gesellschaft, die heute, in ihrer Spätphase, des kritischen Moments zugunsten eines faden und falschen Ideals von Positivität sich zu entledigen sucht. – Oder, wenn ich noch ein paar solcher Modelle improvisieren darf: wenn etwa von Antisemiten gesagt wird, die Juden entzögen sich der harten körperlichen Arbeit, so wäre es nicht der Weisheit letzter Schluß, zu erwidern, es habe doch im Osten so viele jüdische Schuster und Schneider gegeben, und es gebe heute in New York so viele jüdische Taxichauffeure. Indem man so spricht, gibt man den Antiintellektualismus bereits vor und begibt sich damit schon selber auf die Ebene des Gegners, auf der man stets im Nachteil ist. Man müßte statt dessen aussprechen, daß diese ganze Argumentation eine Rancune-Argumentation ist: weil man selber glaubt, hart arbeiten zu müssen oder es wirklich muß; und weil man im tiefsten weiß, daß harte physische Arbeit heute eigentlich bereits überflüssig ist, denunziert man dann die, von denen zu Recht oder Unrecht behauptet wird, sie hätten es leichter. Eine wahre Entgegnung wäre, daß Handarbeit alten Stils heute überhaupt überflüssig, daß sie durch die Technik überholt ist und daß es etwas tief Verlogenes hat, einer bestimmten Gruppe Vorwürfe zu machen, daß sie nicht hart genug physisch arbeitet. Es ist Menschenrecht, sich nicht physisch abzuquälen, sondern lieber sich geistig zu entfalten. Entfallen müßte darum die gesamte Argumentationsreihe, die sich darauf bezieht, daß die Juden in Israel mit saurem Schweiß das Land fruchtbar machen. Ich bin der letzte, der die großartige Leistung dort verkleinert. Aber sie ist selber im Grunde nur der Reflex auf die furchtbare soziale Rückbildung, die den Juden durch den Antisemitismus aufgezwungen wurde, und nicht zu verabsolutieren, nicht so darzustellen, als ob der Schweiß an sich etwas Verdienstliches und etwas Positives wäre. All das bedarf einer gewissen Weite, Übersicht, Souveränität, welche die Phänomene in ihre Zusammenhänge rückt und so, ohne jede billige Apologetik, jedenfalls diejenigen erreicht, die überhaupt rationalen Denkens fähig sind, anstatt eine Rechthaberei zu betreiben, in der immer derjenige, der sich verteidigen will, gegenüber dem Aggressiven als der Schwächere sich erweist. – Ich möchte Ihnen noch ein Modell geben, das mit dem anderen sehr nah zusammenhängt, den Vorwurf des Vermittlertums der Juden. Rasch wird daraus der Vorwurf der Unehrlichkeit, des Betrugs, der Täuschung – das Wort ist nun einmal mit dem Tauschen verwandt. Selten wird man auf die volle ökonomische Theorie dieses Vorurteils und seine Widerlegung eingehen, aber darauf hinweisen können, daß man, seit es eine entfaltete bürgerliche Tauschgesellschaft gibt, dieser Vermittlerfunktion gesellschaftlich bedurfte. Infolgedessen ist es illegitim, jene Funktion, nur weil sie im Zeitalter der gegenwärtigen Hochkonzentration ökonomischer Macht zurücktritt, von vornherein als parasitär, unmoralisch und schlecht zu denunzieren. Man wird weiter auch daran zu erinnern haben, daß zwischen dem Vermittlertum, der Sphäre der Zirkulation – wie man das in der Ökonomie nennt –, der Sphäre des Geldes und dem Geist eine bestimmte Relation herrscht, wie sie selbst von einem rechtsradikalen Denker wie Oswald Spengler hervorgehoben wurde. Ohne die Sphäre des Vermittlertums, die von Handel, Geldkapital und Mobilität, wäre die Freiheit des Geistes, der sich von der bloßen Unmittelbarkeit gegebener Verhältnisse löst, unvorstellbar gewesen. Was ich an Hand dieser herausgegriffenen Modelle Ihnen habe zeigen wollen, ist, daß man nur dann wirksam gegen den Antisemitismus sprechen kann, wenn man die Wahrheit sagt und die Dinge in ihrer Komplexität und ihrem gesellschaftlichen Zusammenhang mit der gesellschaftlichen Lokalität sieht, anstatt sich auf billige Widerlegungen zu beschränken, die ihrerseits immer wieder nur Gegenargumente herauslocken und der schlechten Unendlichkeit zusteuern.

Ich möchte jetzt eingehen auf die beiden Grundtypen von Gegenwehr, die ich für die nun einmal maßgebenden halte. Ich bediene mich dabei einmal ganz schlicht der amerikanischen Terminologie, die das ›long term program‹ und das ›short term program‹ unterscheidet; Maßnahmen, die auf lange Strecken hin geplant werden, und solche, die unmittelbar praktiziert werden sollen. Diese beiden Typen könnte man auch das Erziehungsprogramm und das unmittelbare Abwehrprogramm nennen. Für sie gilt die Unterscheidung, die ich zu Beginn anregte: daß man bei der Planung für lange Sicht möglichst der Bildung autoritätsgebundener Charaktere entgegenwirkt, daß man dagegen bei der aktuellen Einwirkung in einem gewissen Sinn der Autorität nicht ganz entraten kann. Beim ›long term program‹, also dem Problem einer Erziehung, die wirklich an den Antisemitismus heranzukommen sucht, ist es wichtig, etwas zu unterstreichen, was oft mißverstanden wird. Vielfach, und nicht immer bona fide, hält man mir entgegen, daß der Antisemitismus ja nicht nur ein psychologisches Problem sei, sondern daß er seine ökonomischen und kulturellen Wurzeln und Gott weiß was sonst habe. Diejenigen von Ihnen, die ein wenig vertraut sind mit dem Denken, für das ich sonst einstehe, werden wissen, daß ich am letzten zum Psychologismus neige. Der Antisemitismus ist nicht einfach zu einer Frage der psychologischen Einstellung zu machen. Nehmen wir aber einmal an, der Antisemitismus gehe in erheblichem Maß auf frühkindliche Erlebnisse zurück – oder jedenfalls die Grundlage dafür, daß Menschen für antisemitische Reize später rezeptiv sind, werde in ihrer frühen Kindheit gelegt –, dann wird man dabei notwendig auch auf die psychologische Seite verwiesen. Eben weil dieser Aspekt im allgemeinen vernachlässigt wird, haben wir in der Untersuchung »The Authoritarian Personality« besonderes Gewicht darauf gelegt; einfach, um dem vielen anderen, was man dazu weiß, etwas hinzuzufügen, was man offenkundig nicht ebenso gewußt hat. Ich darf indessen vielleicht doch sagen, daß Elemente einer *Gesamt*-Theorie des Antisemitismus in unserer Gesellschaft sich in dem Buch »Dialektik der Aufklärung« von Horkheimer und mir finden und daß darin diese psychologischen Aspekte ihren richtigen Stellenwert empfangen. Durch die Objektivität, in welche die psychologischen Mechanismen des Antisemitismus eingespannt sind, werden natürlich der Erziehungsarbeit gewisse Grenzen gesetzt. Man tut gut daran, diese

Grenzen nicht so zu deuten, wie wenn sie bezeugten, der Antisemitismus sei ein Urphänomen. Auch sie wären aus der Dynamik der Gesellschaft abzuleiten.

Es geht also darum, in der Erziehungssphäre – im weitesten Sinn – möglichst zu verhindern, daß sich so etwas wie ein autoritätsgebundener Charakter bildet. Ich möchte dessen Theorie hier nicht geben; Sie können ja darüber viel nachlesen. Ich darf nur vielleicht an das erinnern, daß durch Unterdrückung, besonders durch heftige, brutale väterliche Autorität, sich sehr oft das konstituiert, was man psychoanalytisch den ödipalen Charakter nennt, das heißt: Menschen, die auf der einen Seite beherrscht sind von verdrängter Wut, aber auf der anderen Seite, eben weil sie sich nicht haben entwickeln können, wieder dazu tendieren, mit der sie unterdrückenden Autorität sich zu identifizieren und dadurch ihre unterdrückten und aggressiven Instinkte an anderen, und zwar im allgemeinen an Schwächeren, auszulassen. Der autoritätsgebundene, der spezifisch antisemitische Charakter ist wirklich der Untertan, wie Heinrich Mann ihn darstellte, oder, wie man es schlicht auf gut deutsch sagt, die Radfahrernatur – charakterisiert durch eine gewisse Art des pseudorebellischen »Da-muß-doch-endlich-was-geschehen, da-muß-doch-endlich-mal-Ordnung-geschaffen-werden«; aber dann ständig bereit, vor den Trägern der wirklichen Macht, der ökonomischen oder welcher auch immer, sich zu ducken und es mit ihr zu halten. Wenn man der Formation des Charakters von Hitler selber nachgeht, wie das wohl in amerikanischen Untersuchungen geschehen ist, wird man all diesen Dingen wieder begegnen. Aber es ist hier eine Ergänzung zu machen – und damit weise ich Sie auf ein Problem hin, das ich Ihnen ans Herz legen möchte mit der Bitte, darüber nachzudenken, ohne daß ich Ihnen etwa eine Patentlösung anzubieten hätte –: Heute entscheidet in der Erziehung weniger die väterliche Brutalität so wie im Fall Hitlers, sondern eine bestimmte Art von Kälte und Beziehungslosigkeit, die die Kinder in ihrer frühen Kindheit erfahren. Sie hängt ihrerseits sehr tief zusammen mit der Transformation der Familie in eine ›Tankstelle‹, wie man das gelegentlich genannt hat. Der Typus von Charakter, der – wenn ich mich nicht irre – psychologisch heute in unserem Zusammenhang der bedrohliche ist, gleicht viel eher dem, welchen ich in der »Authoritarian Personality« den manipulativen genannt habe. Es sind jene pathisch kalten, beziehungslosen, mechanisch verwaltenden Typen wie Himmler und der Lagerkommandant Höss. Es ist außerordentlich schwer, gegen die Bildung dieses Typus in der frühen Kindheit anzugehen. Es ist die Reaktion auf einen Mangel an Affekt, und Affekt kann man nicht predigen. Daß es zur Freiheit des Affekts nicht kommt, liegt an unserer Gesellschaft selber. Das ist eine jener objektiven Grenzen psychologischer Erziehung, auf die ich Sie vorher hinwies. Es handelt sich um eine besonders kritische Zone; man sollte sehr darüber nachdenken, was man in ihr tun kann, ohne in die Verlogenheit synthetischer Nestwärme, Nestwärme mit Klimaanlage, zu verfallen, wie es denn überhaupt nichts Törichteres gibt, als Menschen aufzufordern zu lieben.

Die Bemerkungen, die ich anschließe, beziehen sich mehr auf meine eigene Erfahrung, als daß sie strenge wissenschaftliche Dignität beanspruchen dürften, sie fügen sich aber zumindest der wissenschaftlichen Konzeption des autoritätsgebundenen Charakters einigermaßen sinnvoll ein. – Die frühkindlichen Ursprünge des Antisemitismus sind im allgemeinen im *Elternhaus* zu suchen. In der Schule ist meist alles schon entschieden. Sie ist eine sekundäre Quelle; antisemitische Kameraden dürften schon von Haus aus mit Antisemitismus geimpft worden sein; sie nehmen dann in der Schule vielfach so eine Art von Schlüsselstellung ein. Dabei sind nun – ich habe das bereits angedeutet – eine besondere Gefahr solche Eltern, die sich vor ihren Kindern wegen ihrer einst eigenen nationalsozialistischen Vergangenheit rechtfertigen wollen und deshalb dazu tendieren, antisemitische Argumente zu ihrer eigenen Entschuldigung aufzuwärmen, die dann von den Kindern übernommen werden. Es wäre von großer Wichtigkeit, schon in der Phase, in der Kinder im Kindergarten sind, wenn man an ihnen irgendwelche Anzeichen ethnozentrischer Reaktion – auch Negerkindern gegenüber (die Struktur dieser Phänomene ist vollkommen gleich; ich kann das nicht stark genug unterstreichen) – bemerkt, mit den Eltern Kontakt aufzunehmen und auf sie einzuwirken. Allerdings besteht die Gefahr, daß diese Eltern selber antisemitisch fixiert sind und daß man sie eigentlich nicht überzeugen kann. In solchen Fällen wäre es ratsam, gerade die bereits antisemitisch geimpften oder anfälligen Kinder sich herauszusuchen und individuell mit ihnen zu reden. Plausibel ist die Hypothese, daß das sehr häufig entweder unterdrückte oder besonders kalt behandelte Kinder sind. Ginge man auf ihre individuellen Nöte ein, lockerte man die Verhärtung, so wären sie wohl erreichbar, weil sie ja eben das empfingen, dessen sie unbewußt bedürfen. Auch müßten auf irgendeine Weise – und in dem ›auf irgendeine Weise‹ steckt das ganze Problem – die einwirkenden Pädagogen wirklich fähig sein, den Kindern das zu geben, was ihnen zu Hause fehlt. Weiter möchte ich annehmen, daß man es hier durchweg, schon im Kindergarten, dann auch in der Schule, mit einer Schlüssel-Gruppe, mit einigen oder wenigen Kindern zu tun hat – sozusagen, um den Ausdruck einmal auf Ungewohntes anzuwenden, ›public opinion leaders‹. Auf sie wäre die aufklärende und erzieherische Arbeit in der Kindheit von vornherein zu konzentrieren, anstatt daß man in diesem Bereich die Erziehung breit und notwendigerweise ohne die rechte Intensität streut. Man sollte auf sie die Aufmerksamkeit konzentrieren und sie zu verändern suchen. In Fällen, wo vom Elternhaus starker Gegendruck ausgeübt wird, dürfte ein Erzieher auch vor Konflikten mit den Eltern nicht zurückschrecken. Er müßte die Kinder lehren, daß das, was sie zu Hause hören, nicht lauteres Gold ist, daß ihre Eltern irren können, und warum. Die Zivilcourage zu solchen Konflikten wäre von den Erziehern zu erwarten.

Für möglich halte ich es, daß es in der Formation des autoritätsgebundenen Charakters und des antisemitischen Vorurteils einen kritischen Augenblick gibt. Wenn ich mich nicht täusche, ist das – ich sage es mit Vorbehalt, die Pädagogen unter Ihnen werden den Gedanken verifizieren oder falsifizieren können; es lohnt sich jedenfalls für sie, darüber einmal nachzudenken – der Augenblick des Schuleintritts. Das ist im Augenblick ja der Moment, wo man zum ersten Mal in eine Sekundär-Gruppe eintritt, die einem fremd und kalt gegenübersteht; wo man die Nestwärme – falls es heute so etwas noch gibt – plötzlich, gewissermaßen schockartig verliert. Das Trauma, das dabei sich bildet, dürfte leicht antisemitische Verhärtungen bilden. Druck und Kälte, die das Kind erfahren hat, werden weitergegeben; weil man sich selber plötzlich ausgeschlossen fühlt, wünscht man auch andere auszuschließen und sucht sich die Geeigneten aus. Pädagogen sollten ihre Aufmerksamkeit diesem Schock-Moment zuwenden und ihn womöglich abfangen. Früher gab es, in ländlichen Schulen zumal, die Volkssitte, daß der Lehrer den neu eintretenden Kindern Brezeln schenkte, die er freilich insgeheim von den Eltern bekommen hatte. Die Brezel-Sitte verrät recht tiefe Einsicht in das Phänomen. Man sollte, nach dem altertümlichen Modell, den Schock der Kälte und damit die Wendung zur Aggression zu verhindern trachten; mit anderen Worten, die Brezel-Sitte in eine Verhaltensweise umsetzen, die den Schulunterricht während der ersten Wochen der Spiel-Situation soweit wie nur möglich anähnelt. Über den ganzen Komplex wären zunächst einmal systematische Beobachtungen anzustellen, etwas wie Sozialforschung in der Schule zu betreiben, ehe man dazu kommen kann, wirklich bündige Maßnahmen zu ersinnen. Nur weiß man in so delikaten Dingen nie, wie lange man Zeit hat. Deshalb würde ich dazu tendieren, wenn meine unverbindlichen Beobachtungen plausibel sind, schon praktische Folgerungen auszuprobieren.

Überhaupt wäre in der Schule dem Problem des *Ausschließenden* nachzugehen, der Bildung besonderer Gruppen und Cliquen, die fast stets dadurch zusammengehalten werden, daß sie gegen irgendwelche anderen sich richten, die nicht mitmachen dürfen: »Mit dir spiel' ich nicht« – oder: »Der, mit dem spielt ja niemand«. Dieses Phänomen ist prinzipiell gleich gebaut wie das antisemitische. Die ihm entgegengesetzte Form einer menschlichen Beziehung wäre keine vag-kollektive Klassengemeinde, sondern die individuelle Freundschaft. Im Sinne einer dem Vorurteil entgegenwirkenden Pädagogik wäre es, individuelle Freundschaften zu ermutigen und nicht, wie es sicherlich oft noch in der Schule geschieht, sie zu ironisieren und herabzusetzen; dagegen, soweit es geht, der Bildung von tuschelnden Cliquen und derartigen Gruppen entgegenzuarbeiten, insbesondere, sobald sie irgend nach Kontrolle streben. Die Struktur der Cliquen-Bildung in der Schule insgesamt ist ein Schlüssel-Phänomen. Wie in einem Mikrokosmos bildet sich dann die Problematik der ganzen Gesellschaft ab. Offensichtlich entsprechen die Cliquen einer Art geheimer Hierarchie, die der offiziellen Schul-Hierarchie, die an der Leistung gemessen wird, entgegengesetzt ist. In ihr werden ganz andere Qualitäten physische Kraft, eine bestimmte Art von Geschicklichkeit und ähnliches – honoriert, die sonst zu kurz kommen. – In dieser Dimension wäre hinzuweisen auf die Gefahr von Organisationen, die von außen an die Schulen sich heranmachen und in die dann manche Kinder hineingehen, andere nicht. Daraus wird dann leicht ein ausschließendes Prinzip. Vom ideologischen Gehalt solcher Organisationen ist das nicht unabhängig. Kinder, die besonders zur Bildung solcher Cliquen tendieren, und unter ihnen wieder die Cliquenführer, dürften vielfach auch zum Antisemitismus neigen, identisch sein mit den antisemitischen public opinion leaders. Ihre Meinung ist eine Vorform zur späteren ›nicht-öffentlichen‹. Grundsätzlich müßte man den Typus des mit Antisemitismus infizierten Kindes sich einmal sehr genau ansehen. Die Analyse seiner Charakterstruktur würde dazu helfen, den Charakter dieser Kinder anders zu entwickeln. Anfällige Kinder wird man oft unter denen finden, die ich in durchaus übertragenem Sinne das ›Klassenproletariat‹ nennen möchte, also unter der kleinen Gruppe sehr schlechter Schüler, auf denen die Lehrer a priori herumhacken; die sie schon von vornherein fragen mit der durchsichtigen Erwartung, daß die Antwort doch falsch sein wird, und die durch eine Reihe von Momenten aus der offiziellen Schulhierarchie sonst ausgeschlossen sind. Sie werden generell dazu gedrängt, ihre eigene Situation auf andere zu übertragen, andere wiederum auszustoßen. Trügen meine Beobachtungen mich nicht, so sind das gar nicht selten durchaus begabte Kinder, keineswegs Dummköpfe; begabt in einem bestimmten praktisch-realistischen Sinn, ohne doch mit ihrer Begabung recht vorwärts zu kommen, ganz ähnlich jenen Leuten, die im Leben trotz einer gewissen Organisationsbegabung und manchen Fähigkeiten erfolglos waren und beim Ausbruch des Dritten Reiches sofort in die Höhe kamen, etwas leisteten und sich austobten. Nicht wenige dieser Kinder dürften aus einem Milieu stammen, in dem sie, wie man so sagt, nicht genug mitbekommen haben. In der Schule sind sie gehemmt zu zeigen, was sie eigentlich können, trotzdem sie das Potential in sich fühlen. Ihre angestaute Rancune kehrt sich dann gegen andere. Natürlich wird das antisemitische Potential sehr verbreitet sein unter renitenten, refraktären Kindern, unter solchen, die auch anderwärts zur Gewalttätigkeit und zum Sadismus neigen. Sie haben häufig Führerstellen in der inoffiziellen Klassenhierarchie inne.

Wo es nicht gelingen sollte, individuell auf sie einzuwirken, muß man sie wohl schon in der Schule mit Autorität konfrontieren, man muß ihre ideologische Wirkung auf die anderen unter Strafe stellen, die Strafen dann auch durchführen. Wichtiger aber ist, daß man diese Kinder zum Sprechen bringt, daß sie lernen, sich auszudrücken, und zwar gar nicht nur wegen der kathartischen Wirkung, die von der Sprache überhaupt ausgeht. Jene Kinder – ich berichte wieder nur von Erinnerungen und Beobachtungen – haben vielfach Rancune gegen die, welche reden können, die Ausdrucksfähigen. Es wäre am Ende eines der wichtigsten und anständigsten Mittel in der Abwehr von Antisemitismus, Ausdrucksfähigkeit insgesamt zu steigern und die Rancune gegen das Reden abzumildern. Ich glaube, die Schülermitverwaltung, die Wahl von Vertrauensschülern, alle diese Institutionen, auch die Schülerparlamente hätten in der Entwicklung der Redefähigkeit und in der Brechung des kindlichen Tabus über das Sprechenkönnen eine dringende Aufgabe. Kinder, die einen, der reden kann, deshalb als Schmuser denunzieren, sind von vornherein Rekruten für das antisemitische Vorurteil. Bei ihnen stehen Geschicklichkeit und praktischer Sinn gegen den Geist. Ich kenne wenige, für die Formation des antisemitischen Charakters so charakteristische Dokumente wie eines, an das ich mich bestimmt erinnere, aber das, soviel ich weiß, ganz in Vergessenheit geriet: nämlich ein Edikt, das Hitler in den ersten Monaten der Machtergreifung im Jahre 1933 erließ. Es beinhaltet etwa, daß unter keinen Umständen mehr jüdische Kinder Primus in der Klasse sein dürften. Damit trafen die Nazis mit ihrem Spürsinn für diese Komplexe auf eine Grundschicht des Antisemitismus, die Rancune gegen den Geist, der die Kinder überfordert und der in der Gestalt der traditionellen Bildung ihnen vielfach gar nichts bedeuten kann. Zur Abwehrarbeit rechnet auch, daß man die stillschweigende Identifikation von Juden und Geist zerstört. Freiheit im Verhältnis zwischen Deutschen und Juden bestünde auch darin, daß man nicht mehr automatisch unterstellt, alle Juden seien gescheit: manche sind auch dumm. Wird einmal deutlich, daß Intelligenz nicht die Eigenschaft irgendeiner Gruppe oder Rasse oder Religion ist, sondern durchaus nur eine individuelle Qualität, so hilft das schon etwas.

Auch der sogenannten positiven Stereotypenbildung wäre entgegenzuwirken, hinter der die negative Stereotypie dicht lauert. Sagt einer: »Die Juden sind alle so gescheit«, dann ist er, auch wenn er es lobend sagt, schon nahe bei »nun ja, und deshalb wollen sie uns betrügen«. Auch der Formel »Die Juden sind ein so merkwürdiges, besonderes, tiefes Volk« ist nicht über den Weg zu trauen. Mein Freund Nevitt Sanford hat auf das antisemitische Stereotyp »Some of my best friends are Jews« lustig geantwortet: »Some of my worst enemies are Jews.« Durch Emanzipation von der Stereotypenbildung für die Gruppe als Ganzes wird wahrscheinlich dem Vorurteil wirksamer entgegengearbeitet, als wenn man ein negatives Vorurteil mechanisch durch ein positives ersetzt. Gerade die Kollektivurteile als solche, wie sie in Deutschland verhängnisvoll, und zwar gegen alle möglichen Gruppen verbreitet sind, sind abzubauen; keinesfalls ist ein falsches Kollektivurteil durch ein ebenso falsches anderes zu berichtigen.

Ein Wort noch zur Frage der Rolle des Lehrers in der Abwehr des Antisemitismus. Ich argwöhne, daß immer noch eine erhebliche Anzahl von Lehrern stumm, schweigend, unausdrücklich mit dem Antisemitismus sympathisiert. Gerade dadurch, daß sie es nicht offen sagen, sondern in einer kaum merklichen, gestischen Weise durchblicken lassen, stellen sie von vornherein eine Art Einverständnis mit den anfälligen Schülern her. Diese haben dann das Gefühl, endlich stünde wieder gesellschaftliche Autorität hinter ihnen. Sie fühlen sich gedeckt und gestärkt. Ich sagte schon, daß die halbe Andeutung für den Antisemitismus, solange er nicht die Macht ergreift, charakteristisch, daß die Form der Andeutung zuzeiten gefährlicher sei als die offene Rede. Ich maße mir nicht an, dafür Regeln aufzustellen oder gar irgendwelche Tests zu empfehlen. Aber bei der Auswahl von Lehrern wären doch Kriterien dafür zu entwickeln, die es gestatten, solche, die mit dem autoritären Charakter und dadurch mit dem Antisemitismus sympathisieren, von vornherein fernzuhalten. Ich erinnere mich aus meiner eigenen Schulzeit an einen sehr brünetten Lehrer – er hätte leicht für einen Juden gehalten werden können, ohne übrigens in seinen wissenschaftlichen Leistungen hervorzuragen; ich habe bei keinem so wenig gelernt wie bei ihm, obwohl er mir nie etwas Böses tat. Aber er verstand sich auf eine bestimmte Art Kameraderie mit den Schülern und war bei ihnen sehr beliebt, ein Mann des Typus hail-fellow-well-met. Höchst überraschenderweise rückte er gegen Ende des ersten Weltkrieges mit antisemitischen Hetzreden heraus, die ihn jedoch nicht daran hinderten, mit seinem flotten Schmiß und seinen Salonlöwenattitüden kurz danach die Tochter eines reichen Juden zu heiraten. Was aus der Ehe geworden ist, weiß ich nicht. Er verkörperte die Schule selbst, auf demagogische Weise, etwas wie eine verkrachte Existenz. Solche Sozialcharaktere unter den Lehrern, die ich übrigens keineswegs nur negativ beurteile, verdienten Studium. Ich wäre froh, wenn wir gerade über die Frage der Lehrerauswahl, die natürlich sehr schwierig ist – vor allem wegen der Gefahr des Denunziantentums und der Gesinnungsschnüffelei – reden würden. Ich kann nur ein sehr ernstes Problem bezeichnen, nicht aber seine Lösung beanspruchen. Die wäre wohl wirklich dem eigentlich pädagogischen Kreis vorzubehalten. – Gerade die Atmosphäre ›Man darf ja nichts sagen‹, also die Sympathie mit der nichtöffentlichen Meinung, wird Typen wie jenen Lehrer mit der latenten Klassenhierarchie der starken, realistischen, anti-intellektuellen Kerle zusammenbringen. Daraus resultiert dann eine verschworene Gemeinschaft bedrohlichsten Wesens.

Lassen Sie mich zum Ende noch ganz weniges sagen über die Frage eines kurzfristigen Programms. Ich sagte Ihnen bereits, daß ich bei Menschen, bei denen das Vorurteil bereits etabliert ist, von der Herstellung sogenannter Kontakte und ähnlichem nicht viel halte. Bei ihnen ist die Erfahrungsfähigkeit bereits abgestumpft. Antisemitischen Äußerungen ist sehr energisch entgegenzutreten: sie müssen sehen, daß der, welcher sich gegen sie stellt, keine Angst hat. Man imponiert einem bissigen Hund, sobald er merkt, daß man sich nicht vor ihm fürchtet, aber ist verloren, wenn er innerviert, daß man eigentlich vor seinem Gebiß zittert; so ist es in solchen Fällen auch. Ich habe nach meiner Rückkehr nach Deutschland mit solchen Menschen unmittelbare Erfahrungen gemacht. Einmal bin ich an einer Gruppe von Chauffeuren vorbeigekommen, die damals in dem Pool für die amerikanische Besatzungsmacht beschäftigt waren. Sie schimpften untereinander wüst auf die Juden. Ich ging zum nächsten Schutzmann und ließ sie verhaften. Auf der Wache habe ich mich lange und eingehend vor allem mit dem Rädelsführer unterhalten und habe von ihm einen Satz gehört, der sich mir sehr eingeprägt hat: »Ach wissen Sie, gestern waren wir Nazi, heute sind wir Ami und morgen sind wir Kommi.« Er hat mir damit ungewollt eine tiefe Weisheit über die ganze Charakterstruktur seines Typus verraten. Bei ihm überwiegt das Motiv der Anpassung um jeden Preis alles andere. Wenn man in solchen Fällen ohne Angst zugreift und dann auf die Argumente solcher Personen in allem frank antwortet, kann man etwas erreichen. Ich hatte jedenfalls das Gefühl, daß jene Chauffeure, jedenfalls ihrer bewußten Überzeugung nach, ein wenig anderen Sinnes von der Polizeiwache weggegangen sind. Begegnet man expliziten und fixierten Vorurteilen, so ist auf eine Art Schocktherapie zu vertrauen. Man muß die allerschroffsten Gegenpositionen beziehen. Schock und moralische Kraft gehen dabei zusammen. Schlecht ist das Zurückweichen. Gerade wer dem autoritätsgebundenen Charakter fernsteht, wird nicht auf der Vollstreckung von Strafen und ähnlichem insistieren. Unsereinem ist jede Strafwut, auf amerikanisch ›punitiveness‹, ekelhaft. Aber Humanität wird meist als Zeichen von Schwäche oder schlechtem Gewissen interpretiert und fordert den Mechanismus von Erpressung heraus. Man muß sowohl im Verhalten wie in der Argumentation darauf achten, daß man nicht das Stereotyp der Schwäche auslöst, das den Vorurteilsvollen zur Hand ist gegen die, welche anderen Sinnes sind als sie selber. Argumentationen muß man auch wirklich durchfechten. Beispiel: wird einem dem Sinne nach gesagt, »wo viel Rauch ist, da muß doch auch ein Feuer sein« – (wenn es soviel Antisemitismus gibt, dann muß es doch auch an den Juden liegen), so muß man entfalten, daß dies Sprichwort vorweg zur Abwehr durch Verschiebung dient, daß es nicht wahr, sondern Ideologie ist. Bei den Vorurteilsvollen, die ja gewöhnlich eine bestimmte Art von Realismus hervorsuchen und rücksichtslos auf dem individuellen und nationalen Selbstinteresse beharren, ist anzuknüpfen an die demonstrierbaren und sichtbaren Konsequenzen des Nationalsozialismus. Sie sind darauf hinzuweisen, wohin das Ganze führt, und was ihnen selber unter einem erneuerten Ganz- oder Halbfaschismus aller Wahrscheinlichkeit nach passieren wird. Weiter sollte man sich bei diesen Menschen, die, wie gesagt, oft keineswegs dumm, sondern nur verhärtet und verstockt sind, darauf beziehen, daß niemand in unserer Gesellschaft gerne den Dummen spielen will. Man muß ihnen demonstrieren, daß der gesamte Geist des Antisemitismus, wie es in dem berühmten Zitat heißt, tatsächlich der Sozialismus der dummen Kerle ist, daß er ihnen aufgeschwätzt wird, um sie in Objekte der Manipulation zu verwandeln. Das ist die einfache Wahrheit, und sie dürfte ihren Eindruck schwerlich verfehlen, trifft man sich mit den Vorurteilsvollen auf der Ebene ihres eigenen, etwas outrierten Realismus; überzeugt man sie davon, daß sie das Gegenteil dessen erreichen, was sie eigentlich erwarten, dann wäre das ganz fruchtbar. Im Augenblick nährt noch eine besondere Situation antisemitische Regungen. Ich meine den antiamerikanischen Affekt. Irre ich mich nicht, so ist er seit der Berlin-Krise, seit jeder merkt, daß zwischen Washington und Bonn nicht alles eitel Sonnenschein ist, im Anwachsen. Gespielt wird, wohl auch in Flüsterpropaganda, auf dem alten Instrument: »Wir werden verraten, wir werden im Stich gelassen.« Der Ruf »Verrat, Verrat« ist diesseits wie jenseits des Rheins demagogisch außerordentlich bewährt. Da nun die amerikanische gegenwärtige Regierung eine Links-Regierung ist und Kennedy wohl auch eine Reihe von jüdischen Beratern hat, so leuchtet es ein, daß zusammen mit dem Anti-Kennedy-Komplex auch insgeheim der antisemitische gedeiht. Wirksame Abwehr des Antisemitismus ist von einer wirksamen des Nationalismus in jeglicher Gestalt unabtrennbar. Man kann nicht auf der einen Seite gegen Antisemitismus, auf der anderen ein militanter Nationalist sein. Ein rationales Verhältnis zu den weltpolitischen Fragen anstelle eines ideologischen und von Rancune erfüllten Nationalismus ist wohl die wesentlichste Voraussetzung fürs Bessere. Damit eng zusammen hängt in der gegenwärtigen Periode das Wiedererwachen des Anti-Intellektualismus. Man kann ihm heute auf Schritt und Tritt begegnen, keineswegs nur bei Rechtsradikalen, sondern bis tief in die Manifestationen eines sogenannten maßvollen Konservatismus hinein. Das hängt zusammen mit der deutschen Gestalt des Konformismus. Ich weiß, daß die Anti-Intellektuellen besonders wütend werden, wenn sie das Wort Konformismus hören, aber eben diese Wut auf das Wort bezeugt die Gewalt der Sache: daß der Konformismus seinen Dienst einstweilen noch ganz brav leistet. Die Abweichung von der nun einmal etablierten Gruppenmeinung gilt von vornherein als bedenklich und fragwürdig. Dabei spielt eine besondere Rolle, wer Mängel eines Systems oder die Problematik eines bestimmten Zustandes nennt. Er wird – nach dem Verratsschema – für die Mängel verantwortlich gemacht und dadurch der von ihm charakterisierte Zustand entlastet. Immer noch gilt das Wort des alten Helvetius, daß die Wahrheit noch niemandem geschadet hat, außer dem, der sie ausspricht. Dieser Mechanismus wäre ins Bewußtsein zu heben. Man sollte nicht vor anti-intellektuellen Argumenten zurückweichen, ihnen irgend etwas vorgeben, sondern in ihrem Angesicht zu militanter Aufklärung sich stellen, das heißt, sagen, daß in einer Gesamtverfassung der Menschheit und auch der deutschen Nation, in der das Bewußtsein der Menschen nicht länger mehr gefesselt und durch alle möglichen Beeinflussungsmechanismen verstümmelt wird, intellektuell zu sein nicht länger ein beneidetes und darum diffamiertes Privileg wäre, sondern daß im Grunde alle Menschen das sein könnten und eigentlich das sein sollten, was man im allgemeinen den Intellektuellen vorbehält. Im übrigen sind, und keineswegs primär in Deutschland, die Hetzbilder gegen den Intellektuellen, mit denen viele Massenmedien operieren, oft nur leise verschleierte Stereotype des Antisemitismus. Man sollte bei der Filmindustrie vorstellig werden, daß sie derlei anti-intellektuelle Stereotype wegen jener Implikationen vermeidet. Allerdings sind sie keineswegs bloß auf die Kulturindustrie beschränkt, sondern geistern auch in der sogenannten hohen Kultur. Ich habe seinerzeit entwickelt, daß in einem der berühmtesten Werke des deutschen Operntheaters, den Meistersingern, die kraß negative Figur Beckmesser, obwohl er als Zunftangehöriger natürlich kein Jude sein kann, doch so charakterisiert ist, daß alle erdenklichen antisemitischen Stereotype wiederkehren. Zumal einer bestimmten traditionellen, etablierten deutschen Kultur gegenüber wäre es notwendig, das auszusprechen und zu entgiften. Welches Unheil etwa heute noch durch die Lektüre von Büchern wie »Soll und Haben« von Gustav Freytag angerichtet wird, wage ich kaum auszudenken. Der Respekt vor dem sogenannten kulturellen Erbe sollte nicht verwehren, es von nahe zu besehen. Der Antisemitismus ist nicht erst von Hitler von außen her in die deutsche Kultur injiziert worden, sondern diese Kultur war bis dorthinein, wo sie am allerkultiviertesten sich vorkam, eben doch mit antisemitischen Vorurteilen durchsetzt.

Rassevorurteile jeden Stils sind heute archaisch und in schreiendem Widerspruch zu der Realität, in der wir leben. Darüber jedoch ist nicht zu vernachlässigen, worauf jüngst auf dem Münsteraner Philosophentag ein soziologisch-philosophischer Denker hinwies: daß nämlich, je mehr in zunehmender rationalisierter, technischer Zivilisation solche Irrealitäten an realer Basis verlieren, gleichzeitig um so virulenter die irrationale Tendenz wird, sie festzuhalten, sich an sie zu klammern. Nun, wenn man diesen Widerspruch erst sich selber bewußt und dann auch anderen klar macht, kann man wirklich von Grund auf im Sinne dessen fortschreiten, was wohl nicht wahrer zu definieren wäre als durch den Willen: »So etwas soll nicht noch einmal sein.«

Editorische Notiz

Den Vortrag »Zur Bekämpfung des Antisemitismus heute« hielt Theodor W. Adorno am 2. November 1962 auf Einladung des Koordinierungsrats der Gesellschaften für Christlich-Jüdische Zusammenarbeit (namentlich Leopold Goldschmidt) im Rahmen der Ersten Europäischen Pädagogen-Konferenz, die vom 30.10. bis zum 3.11.1962 in Wiesbaden stattfand. Für den 1963 erschienenen Erstdruck in dem vom Koordinierungsrat herausgegebenen Tagungsband *Erziehung vorurteilsfreier Menschen* hat Adorno die Transkription des Vortrags etwas redigiert. Der hier abgedruckte Text folgt dem Wiederabdruck in: Theodor W. Adorno, *Gesammelte Schriften*, herausgegeben von Rolf Tiedemann unter Mitwirkung von Gretel Adorno, Susan Buck-Morss und Klaus Schultz, Bd. 20.1: *Vermischte Schriften I*, Frankfurt/M. 1986, S. 360-383. Die dortige Fußnote 1 wurde hier als »Vorbemerkung« (S. 9) gesetzt, einem frühen Wiederabdruck in *Das Argument* 29, Jg. 6 (1964), S. 88-104 (Heft 2), entsprechend.

Nachwort

»Aber es gibt keine Antisemiten mehr.
Sie waren zuletzt Liberale, die ihre
antiliberale Meinung sagen wollten.«

Max Horkheimer, Theodor W. Adorno,
Dialektik der Aufklärung

»Free Palestine from German Guilt«

Parole auf deutschen antiisraelischen
Demonstrationen

Man sollte Adornos Text zunächst als Zeitdokument lesen. 1962 lädt ihn der Koordinierungsrat der Gesellschaften für Christlich-Jüdische Zusammenarbeit zu einem Vortrag auf der vom Koordinierungsrat veranstalteten Ersten Europäischen Pädagogen-Konferenz ein, den Adorno dann am 2. November im Taunus-Hotel in Wiesbaden hält. Der Vortrag wird für den Hessischen Rundfunk aufgezeichnet und in zwei Teilen am 26. Januar und am 28. März 1963 unter den Titeln »Sachautorität und Autoritätsgebundenheit. Fragen zur Bekämpfung des Vorurteils« und »Die Überwindung des Vorurteils in der praktischen Pädagogik« gesendet. Der endgültige Titel, »Zur Bekämpfung des Antisemitismus heute«, steht über der Druckfassung des frei gehaltenen Vortrags (das Transkript wurde von Adorno redigiert), veröffentlicht 1963 in dem Dokumentationsband der Konferenz *Erziehung vorurteilsfreier Menschen*.

Vergleicht man den ursprünglichen Titel mit dem Inhalt des Vortrags (auch mit den erhaltenen Stichwort-Notizen), ist eine gewisse Inkongruenz auffällig. Sie dürfte damit zusammenhängen, dass die Konferenz unter der leitenden Idee des »Vorurteils« (und seiner Bekämpfung) stand, aber für Adorno das Problem des Antisemitismus gerade nicht unter dem Rubrum »Vorurteil« zu fassen ist. Der Vortrag selbst hat etwas Zögerndes, wirkt wie der Versuch, das, worauf es dem Vortragenden ankommt, und das, was er meint, den Einladenden liefern zu sollen, zusammenzubringen – wobei die Thematik, die der ursprüngliche Vortragstitel ankündigt, mehr oder weniger auf der Strecke bleibt. Das Thema »Vorurteil(e)« und die nur mäßige Tauglichkeit dieses Begriffs für das Verständnis des Antisemitismus explizit anzusprechen, unterlässt Adorno, vielleicht aus Rücksicht auf die Einladenden. Insgesamt macht der Vortrag den Eindruck der allmählichen Verfertigung der Gedanken beim Reden, ohne am Ende zu einer wirklichen Pointierung zu gelangen. Ich verstehe das auch als ein Zögern in der Sache. Denn im Grunde sagt Adorno denen, die ihm zuhören, die Frage der Bekämpfung des Antisemitismus sei keine, auf die es pädagogische Antworten gäbe.

Der Antisemitismus im Nach-1945-Deutschland bekam Ende des Jahres 1959 eine alarmierende Gegenwärtigkeit. In Köln wurden am 24.12. eine Synagoge und ein Denkmal für die Opfer des Nationalsozialismus mit antisemitischen Parolen beschmiert. Danach »verging über Wochen hinweg kein Tag, an dem nicht zwischen Flensburg und Oberstdorf Hakenkreuzschmierereien entdeckt und Parolen wie ›Deutschland erwache!‹, ›Es lebe Hitler-Deutschland‹ und ›Das Hitler-Reich kommt bald wieder‹, ›Nieder mit den Juden!‹, ›Juden raus!‹ und ›Ab in die Gaskammern!‹ zu lesen gewesen wären«.[1]

1 Wolfgang Kraushaar, »Die antisemitische Welle (1959/60) und ihre Folgen«, in: Klaus Ahlheim, Matthias Heyl (Hg.), *Adorno*

Die Reaktion des damaligen Innenministers Gerhard Schröder (CDU) entsprach etwa der Idee, die der Pädagogen-Konferenz von 1962 zu Grunde lag: »Wir haben [uns] zu fragen, was wir alle noch mehr als bisher tun können, um einige dunkle Vorurteile auszurotten, die immer noch in einigen alten Köpfen spuken und von dort her auch in einige jüngere Köpfe gepflanzt werden. Das ist es, was uns noch gründlich beschäftigen wird.«[2] In einer späteren Stellungnahme spricht Bundeskanzler Konrad Adenauer allerdings abwiegelnd von »Flegeleien ohne politische Grundlage«.

Im Mai 1961 erschien in den *Frankfurter Beiträgen zur Soziologie* eine Monografie von Peter Schönbach, einem Mitarbeiter des Frankfurter Instituts für Sozialforschung, unter dem Titel *Reaktionen auf die antisemitische Welle im Winter 1959/1960*, worin es heißt:

> Nachdem es in der Nacht zum Sonntag, den 10. Januar, auch in Frankfurt zu den ersten größeren Ausschreitungen gekommen war – unbekannte Täter hatten an

revisited. Erziehung nach Auschwitz und Erziehung zur Mündigkeit heute, Hannover 2010, S. 9-37, hier S. 17.

2 Ebd., S. 18.

zehn Stellen Mauern, Wände oder Türen mit antisemitischen Parolen oder Hakenkreuzen beschmiert –, entschloß sich das Institut für Sozialforschung am nächsten Tag zu einer raschen Umfrage-Untersuchung von Reaktionen in der Frankfurter Bevölkerung auf diese Vorfälle. Noch in der gleichen Woche wurden die Fragen entwickelt und 47 Studenten der Soziologie als Interviewer für diese Studie geschult. Die Feldarbeit begann Freitag, den 15. Januar, und war Dienstag, den 19. Januar, praktisch abgeschlossen. An diesem Tag lagen 224 von insgesamt 232 Interviews vor; den letzten Nachzügler erhielten wir am 22. Januar. Diese Chronologie der Ereignisse soll einen Begriff von dem Charakter der Untersuchung vermitteln. Es war eine rasch geplante und rasch durchgeführte Leitstudie mit der vordringlichen Absicht, Meinungen einer Stichprobe der Frankfurter Bevölkerung zu den Vorfällen möglichst noch in statu nascendi zu fassen.[3]

Das Ergebnis: Von den »232 Befragten äußerten sich 16% mit Sympathie für antisemitische Einstellungen, 19% ließen eine deutliche Ablehnung solcher Einstellungen und Handlungen erkennen,

3 Peter Schönbach, *Reaktionen auf die antisemitische Welle im Winter 1959/60*, Frankfurt/M. 1961, S. 7.

41 % distanzierten sich ohne besonderen persönlichen Nachdruck und 24 % ließen jegliche erkennbare Reaktion dafür oder dagegen vermissen.«[4]

Peter Schönbach prägte den Ausdruck »sekundärer Antisemitismus«, den Adorno in obigem Text als »recht glücklich« bezeichnete. Damit gemeint ist das Fortleben des überkommenen Antisemitismus durch Weitergabe an eine nächste Generation sowie die Mobilisierung antisemitischer Affekte als »Trotzreaktion« (Schönbach), man könnte von einer Art »Jetzt-erst-recht-Antisemitismus« als Antwort auf das Tabu sprechen, mit dem ein öffentlich bekundeter manifester Antisemitismus belegt war. Solche Ereignis-Serien (die man mit Metaphern wie »Welle«, »Ausbrüche« etc. zu verbildlichen versucht) haben stets dieselbe Form: Ein, zwei, wenige Ereignisse wirken wie erfolgreich absolvierte Mutproben, die schon durch den Akt selbst erfreute Zustimmung hervorrufen und denen man nacheifert, weil man nicht hintanstehen will. Der sich zuvor als irgendwie marginalisiert fühlt – »das darf man ja heute nicht mehr sagen« –, findet sich plötzlich in einer

4 Zit. nach Kraushaar, »Die antisemitische Welle (1959/60) und ihre Folgen«, S. 26.

Gemeinschaft wieder und etabliert sie durch eigenes, die Serie fortsetzendes Handeln weiter. Er stellt her, was heutzutage als einer der wichtigsten sozialen Werte überhaupt gilt: Sichtbarkeit. Sichtbarkeit nach außen wie in das Innere einer durch die Taten hergestellten anonymen Gruppe.

Adorno bringt diesen »sekundären Antisemitismus« ins Spiel, als er zu Beginn seines Vortrags über die Aussagekraft von Statistiken spricht, mit denen man eine Abnahme antisemitischer Einstellungen belegen zu können meint. Solche Statistiken könnten das antisemitische Potenzial, das in den legitimatorischen Reden liege, die Eltern ihren Kindern gegenüber pflegten, wenn sie sich für ihr Verhalten während des Nationalsozialismus rechtfertigten und durch die Nachfragen ihrer Kinder »fast automatisch veranlaßt [sähen], ihren Antisemitismus aus den dreißiger Jahren aufzuwärmen«, nicht abbilden. Adorno widmet sich also dem, wie er es nennt, »Krypto-Antisemitismus«, der in der – nicht nur innerfamilialen – Bereitschaft, antisemitischen Einstellungen Ausdruck zu verleihen, liege. Dabei könne, er folgt da Schönbachs Überlegungen, das empfundene Verbot, sich zu äußern, wie einem der Schnabel gewachsen ist, Stimulus und wichtiges Moment beim Übergang von latentem zu manifestem Antisemitismus sein.

Das führt zu der Frage, wie antisemitische Einstellungen mit anderen verbunden und überhaupt charakteristisch für eine bestimmte Mentalität sind. Adorno greift dabei einmal auf die Studien zum autoritären Charakter zurück, die das Institut für Sozialforschung im US-amerikanischen Exil begonnen und nach seiner Rückkehr in die Bundesrepublik Deutschland fortgeführt hatte. Aus diesen Studien stammt die Analyse von antisemitischen und anderen Haltungen als Teil eines »Tickets« oder, wie Adorno auch sagt, »Planke in einer Bühne«. Ressentiments sind selten isoliert von anderen Ressentiments. Wer die eine Minderheit abwertet, wird auch eine andere nicht gelten lassen, wer Frauen für minderwertig hält, wird Homosexuelle verabscheuen, der Ku-Klux-Klan verfolgt Afroamerikaner und Juden. Eine frappierende Bestätigung dieser Beschreibung aus den 1940er Jahren lieferte der US-amerikanische Soziologe Mark Juergensmeyer in seinen Studien zum internationalen Terrorismus:[5] Wo im-

5 Vgl. Mark Juergensmeyer, *Terror in the Mind of God*, Oakland 2017.

mer sich radikale, gewaltbereite Gruppen fanden – in den USA, in Europa, in arabischen Ländern, in Israel, in Japan –, hassten sie dieselben Gruppen: Homosexuelle, Frauen, Schwarze, Juden, Amerikaner.[6]

Auf den »autoritären Charakter«, der gewissermaßen die Disposition liefert für dieses Konglomerat von Einstellungen, kommt Adorno zwar zu sprechen, ruft dieses Verstehenskonzept aber gewissermaßen nur ab, indem er auf den (literarischen) Kenntypus hinweist, Diederich Heßling, den Protagonisten von Heinrich Manns Roman *Der Untertan*, »die Radfahrernatur – charakterisiert durch eine gewisse Art des pseudorebellischen ›Da-muß-doch-endlich-was-geschehen, da-muß-doch-endlich-mal-Ordnung-geschaffen-werden‹; aber dann ständig bereit, vor den Trägern der wirklichen Macht [...] sich zu ducken und es mit ihr zu halten«. Adorno sieht die gegenwärtige Jugend – um die (und um Antisemitismusprävention bei ihr) ging es ja auf der Pädagogen-Konferenz – allerdings möglicherweise nicht durch diesen Charaktertyp reprä-

6 Die israelischen Terrorbereiten hassten Tel Aviv, die US-amerikanischen Washington.

sentiert, also weniger durch klassisch-autoritäre Elternhäuser mit starker Vaterfigur und Drum und Dran geprägt als vielmehr durch emotionsarme familiäre Umfelder mit dem Ergebnis »pathisch kalte[r], beziehungslose[r]« Typen. Er spricht von einem »manipulativen Charakter«. Diese Überlegung führt Adorno nicht aus, man muss anderswo nachschlagen, etwa in seinem Essay »Erziehung nach Auschwitz«, wo es heißt: »Der manipulative Charakter [...] zeichnet sich aus durch Organisationswut, durch Unfähigkeit, überhaupt unmittelbare menschliche Erfahrungen zu machen, durch eine gewisse Art von Emotionslosigkeit«, er will effektiv sein, dabei »gleichgültig gegen den Inhalt seines Tuns«.[7] Adorno beschreibt hier den NS-Täter vom Typ Rudolf Höß oder Adolf Eichmann, der zwar eine wichtige, manchmal entscheidende Rolle im Dienste eines Regimes spielt, aber nicht dazu neigt, mit einer gewissen Plötzlichkeit zum heimlichen Hakenkreuz-Schmierer oder öffentlichen Agitator zu werden. Wenn einer zunächst das eine und später

7 Theodor W. Adorno, »Erziehung nach Auschwitz«, in: ders., *Gesammelte Schriften*, hg. von Rolf Tiedemann, Bd. 10.2, Frankfurt/M. 1977, S. 674-690, hier S. 681.

in organisatorischem Rahmen das andere ist, greift diese Charaktertypologie wohl zu kurz.[8]

Zwei Verbindungen, die Adorno zieht – und die vielleicht eine heutige Leserschaft besonders befremden mögen –, sind die von Antisemitismus zu Reklame und zu Astrologie, Ersteres pointiert mit dem Satz, der Antisemitismus sei etwas wie »die Ontologie der Reklame«. Gemeint ist: Die antisemitische Agitation ist der Prototyp des Appells an das Unbewusste, die Ausschaltung von Rationalität und der Bereitschaft, eine Botschaft an ihrem Realitätsgehalt zu messen, die ausschließliche Reizung von Affekten. Darum sei es falsch, ja kontraproduktiv, den einen Affektappell mit dem anderen, dem gegenteiligen, zu bekämpfen. Auf diese Weise breche man aus dem (durch die antisemitische Agi-

8 Auf eine interessante Parallele sei aber hingewiesen. Adorno spricht im Zusammenhang mit dem »manipulativen Charakter« auch vom »verdinglichten Bewußtsein«: »Erst haben die Menschen, die so geartet sind, sich selber gewissermaßen den Dingen gleichgemacht. Dann machen sie, wenn es ihnen möglich ist, die anderen den Dingen gleich.« (Adorno, »Erziehung nach Auschwitz«, S. 684.) »Es gibt [...] Menschen«, schreibt Sartre, »die von der Beständigkeit des Steins angezogen werden. Sie wollen massiv und undurchdringlich sein, sie wollen sich nicht verändern«, sie suchen eine Lebensweise, »wo man immer nur nach dem forscht, was man schon gefunden hat« (Jean-Paul Sartre, *Überlegungen zur Judenfrage*, Reinbek 1994, S. 15.)

tation) vorgegebenen kommunikativen Rahmen nicht aus. Dem Klischee vom arbeitsscheuen Juden begegne man nicht mit dem Lob der fleißigen Israelis in den Kibbuzim. Beidem liege derselbe Appell an dasselbe anachronistische Bild des fleißig seine Scholle beackernden Bauern zu Grunde. Dazu komme – vergessen wir nicht, dass der Vortrag 1962 gehalten wurde! – eine gewisse »Allergie« gegen Reklame, die sich allerdings nur dann ausspreche, wenn der Inhalt nicht mit dem übereinstimme, was unbewusst sowieso gewünscht oder gewollt werde. Hier ist zu bedenken, dass es die Art von Reklame-Aversion kaum mehr gibt, von der Adorno spricht, sehr wohl aber den nämlichen Mechanismus: dass jemand, der die abenteuerlichsten Behauptungen für bare Münze nimmt, wenn sie auf Gefühlsebene bestätigen, was er sowieso meint, diejenigen, die das nicht tun, wütend als Verbreiter von »Fake News« zurückweist.

Man darf also nicht versuchen, dem manipulativen Appell einen ebenso manipulativen Gegenappell entgegenzusetzen: »Keine mögliche Haltung gegen das antisemitische Potential, die nicht selber mit Aufklärung sich identifizieren müßte. Den Antisemitismus kann nicht bekämpfen, wer zu Aufklärung zweideutig sich verhält.« Nicht immer, aber hier gewiss, gilt der Zusammenklang von Botschaft und Medium: Wer gegen Slogans auf Slogans setzt, bleibt in der Arena, die der, den man bekämpfen will, gewählt hat. Das ist einer der Gründe, warum manche Gegenprogramme so hilflos wirken. Wer der Parole »Juden raus!« mit etwas wie »Rechtsradikalismus ist uncool« begegnen will, hat schon verloren.

Den falschen Strategien bei der Bekämpfung des Antisemitismus widmet sich Adorno eingehend. Sie haben eben gemeinsam, dass sie in dem Rahmen argumentieren, der durch die antisemitische Agitation vorgegeben ist. Beides ist falsch: den Rahmen zu akzeptieren und zu meinen, es gehe in diesem Rahmen um Argumente. Dem als Argument vorgetragenen Ressentiment, die Juden seien zu einflussreich, weil sie irgendwo überrepräsentiert seien (was immer heißt: Es gibt zu viele von ihnen), solle man doch nicht mit einem »Herumwürfeln mit Zahlen« begegnen, sondern mit dem Argument, die Idee einer Quotierung von Berufen nach Religion oder Herkunft sei undemokratisch. Auch in diesem Vorschlag, in einem anderen Rahmen zu argumentieren, steckt eine gewisse Hilflosigkeit, 1962 wie 2023. Hier möchte man vielleicht auf Sartres 1944 geschriebene, an Frankreich adressierte Bemerkung zurückgreifen, dass, wer etwa behauptete, die Bretonen seien in der französischen Ärzteschaft überrepräsentiert, das als Kompliment an die Bretonen ansehen würde und Frankreich zu ihnen beglückwünschen. Dasselbe über Juden zu behaupten werde als Bezeichnung eines Problems angesehen.[9] Jedem Nachdenken über ein mögliches Zuviel in einem Beruf oder einer Branche geht ja der Argwohn voraus, dort gehe es nicht mit rechten Dingen zu, und die Frage nach dem Warum ist bereits beantwortet, bevor das scheinbare Räsonieren beginnt: Juden sind's. »Existierte der Jude nicht, der Antisemit würde ihn erfinden.«[10]

Adorno führt noch eine Reihe solcher ins Leere laufenden Argumente an, wie etwa den unter dem Rubrum »Aber andere haben doch auch …« marschierenden Vergleich von Auschwitz und Dresden: »Dresden wäre doch auch entsetzlich gewesen«, was niemand bestreiten werde, wohl aber müsse man »das ganze Schema des Denkens, die Vergleichbarkeit von Kriegshandlungen mit der plan-

9 Vgl. ebd., S. 14.
10 Ebd., S. 12.

mäßigen Ausrottung ganzer Gruppen der Bevölkerung« bestreiten. Wobei die antisemitische Agitation diese Argumentation längst eingeholt hat, wenn es etwa heißt, Israel betreibe in Gaza und im Westjordanland einen »Genozid«. Die Unsinnigkeit dieser Behauptung ist so offensichtlich, dass der emotionelle Gehalt sich selbst ausspricht: Der Genozid an den Juden Europas wurde an einem nun selbst genozidal agierenden »Volk« verübt.

Auf die vielleicht erstaunlichere Parallele zur Astrologie legt Adorno großen Wert, wissend, dass sie auch sein damaliges Publikum befremdet hat. Er wird im November desselben Jahres einen Vortrag »Ist Aberglauben harmlos?« halten,[11] in dem er der Astrologie (immer mitzudenken: die Horoskop-Spalten in Illustrierten) den Charakter einer »Ersatzrationalität« zuschreibt, die dem Konsumenten »Kurzschlußlösungen« anbiete und die Illusion, er könne sich mit ihr in einer Welt zurechtfinden, die ihn im Grunde überfordere. Wenn Adorno in der Astrologie auch eine Analogie sieht zu den anderen »großen Heteronomien unserer Zeit wie dem

11 Theodor W. Adorno, »Ist Aberglauben harmlos?«, in: ders., *Vorträge 1949-1968*, hg. von Michael Schwarz, Berlin 2019, S. 352-376.

Faschismus und dem, was man im Osten mit dem Ausdruck ›Diamat‹[12] bezeichnet«,[13] so wird daraus deutlich, worum es ihm in unserem Zusammenhang geht. Theorie-Konglomerate aller Arten bedienen Menschen mit Orientierungsangeboten, die sie »tendenziell« herabsetzen »zu Zentren bedingter Reflexe«.[14] Wer sich solchen Orientierungsangeboten unterwirft, reagiert nicht auf Gedanken, sondern auf Formeln, gemeinschaftsstiftende Wörter, an denen man sich erkennt und die gemeinsame Affekte abrufen. Waren es früher oft Namen, die für das Gemeinte – das Geld, die Verschwörung, die kapitalistische (plutokratische) Wirtschaft – standen, zum Beispiel »Rothschild«, sind es heute die offensiv falschen Israel betreffenden Affektwörter wie »westliche Kolonie« oder »Siedlergesellschaft«. Man weiß, wer spricht, weiß nicht, wovon man spricht, aber man weiß, dass man sich einig ist.

Man sieht, wie die Lektüre, die in Adornos Vortrag zunächst das Zeitdokument sieht, in die Aktua-

12 Abkürzung von »Dialektischer Materialismus«, ein in jeder Hinsicht auf eine Verkürzung als idealen Ratgeber für Alltag und Wissenschaft gekommenes Kondensat aus Marx/Engels/Lenin/Stalin zu Lehr- und Zitatzwecken.

13 Adorno, »Ist Aberglauben harmlos?«, S. 356.

14 Ebd., S. 357.

lität des manifesten Antisemitismus hineingezogen wird. Adorno sprach, wie gesagt, vor Pädagogen, der Vortrag musste also mit Ratschlägen für die Praxis enden, so ratlos der Vortragende auch gewesen sein mochte. Wer kann schon auf die Elternhäuser – »In der Schule ist meist alles schon entschieden« – einwirken, allenfalls auf die Kindergärten, die zwar heute als »Kitas« eine größere Rolle spielen als in den 60er Jahren des vorigen Jahrhunderts, über die als mögliches Feld antiantisemitischer Prävention sich aber nicht viel mehr sagen lässt? Hier bleibt es bei einem allgemeinen Hinweis auf das Achten auf »irgendwelche Anzeichen ethnozentrischer Reaktion« und einem noch allgemeineren Achten auf das allgemeine Klima, in dem Gruppen gebildet werden, die sich aggressiv abgrenzen und Feinde erfinden, auf die sie losgehen können. Dieses bedarf heutzutage nicht mehr der feinnervigen Beobachtung durch die Lehrer, es ist allzu sehr grob sichtbarer Alltag. Auch der Hinweis auf den Zusammenhang von Antisemitismus und Abneigung gegen Intelligenz mag bei der ersten Lektüre leicht abgestanden wirken, aber man sollte nicht unterschätzen, welche Rolle bei der Attraktivität von populären Anführernaturen vom Schlage Trump oder Orbán spielt, dass sie entweder dumm und (nota bene!) vulgär sind – oder sich pfiffig so gebärden, denn sie werden nicht trotz, sondern wegen dieses Benehmens gewählt.

Der Antisemitismus gewährt durch die Jahrhunderte eine klassische Lizenz zu Brutalität und Vulgarität. Das geht von Darstellungen wie auf dem Relief der Wittenberger Stadtkirche, wo Juden von einem Schwein gesäugt werden, dem ein Rabbiner in den After schaut, bis zu der Bereitschaft von Menschen, die sich durch wachsame Empfindlichkeit für Gender-Diskriminierung auszeichnen möchten, eine Organisation, die offen Vergewaltigungen und Schändungen nackter Frauenkörper als Teil ihrer Mordexzesse demonstriert, als Freiheitskämpfer legitimieren.[15]

15 Vielleicht ist dies der Ort, ein weiteres Zitat aus Sartres *Überlegungen zur Judenfrage* anzuführen (ebd., S. 16): »Glauben Sie nicht, die Antisemiten würden sich [...] etwas vormachen. Sie wissen, daß ihre Reden oberflächlich und fragwürdig sind; doch darüber lachen sie, ihrem Gegner obliegt die Pflicht, die Wörter in ernster Weise zu verwenden, da er an die Macht des Wortes glaubt; *sie* haben *das Recht* zu spielen. Sie spielen sogar gern mit dem Diskurs, denn indem sie lächerliche Gründe nennen, diskreditieren sie den Ernst ihres Gesprächspartners; sie sind genußvoll unaufrichtig, denn ihnen geht es nicht darum, durch gute Argumente zu überzeugen, sondern einzuschüchtern oder irrezuleiten.«

Gehen wir zurück zu der Art und Weise, wie sich der – wollen wir sagen: normale? – jedenfalls nicht öffentlichkeitswirksame Antisemitismus ausspricht. Adorno spricht vom »Gestus des Augenzwinkerns« und zitiert seinen Satz aus der *Minima Moralia*, der Antisemitismus sei »das Gerücht über die Juden«. Beides meint das vorausgesetzte Einverständnis des Sie-wissen-schon-nicht-wahr?. Diese Kommunikationsfigur erlaubt, Dummes und Unglaubliches zu sagen, als wüssten die, die es sagen, wie die, die es hören, dass es schon immer wahr war, bevor es noch ausgesprochen wurde. Damit dichtet sich das Gerücht und das Getuschel gegen jede Empirie ab. Darum geht es – das Stichwort sei wieder aufgenommen, und man muss es gegen die öffentlichen Redegewohnheiten immer wieder wiederholen – beim Antisemitismus nicht um »Vorurteile«, die ja, wären sie welche, durch Erfahrung und bessere Informationen revidierbar wären. Es geht nicht einmal überhaupt um Ansichten von irgendetwas. Der Antisemitismus ist kein Konglomerat von Ansichten über Juden, nicht einmal über phantasierte. Er ist eine »Leidenschaft«, die die Form einer Aussage annehmen kann, er hat »gewählt, im Modus der Leidenschaft zu leben«.[16] »Der Antisemitismus will nur sich selber.«[17]

Und, schließt man an, warum nun die Juden als Objekt der Leidenschaft, einer aus Verachtung und Bewunderung, Hass und Verdacht zusammengesetzten Leidenschaft? Der Versuch, die Frage mit einem klassischen Witz gleichsam achselzuckend abzutun, scheitert zwar immer wieder – sonst wäre der Spuk ja vorbei –, muss aber doch immer vor jedem weiteren Räsonnement stehen: »›Die Juden sind unser Unglück!‹ – ›Wieso die Juden? Die Radfahrer sind's!‹ – ›Wieso die Radfahrer?‹ – ›Wieso die Juden?‹«

Man kann lange darüber grübeln oder »dazu« forschen, was eigentlich die Ursprünge des Antisemitismus sind, und verpasst dabei die Einsicht, dass sich eine Leidenschaft, die sich als so resistent erwiesen hat, dass ihr 2000 Jahre tiefgreifender sozialer und kultureller Veränderungen nichts anhaben

16 Ebd., S. 10, 15.

17 So der Schriftsteller Hermann Bahr 1894 in einem Interview. Und er fährt fort, als hätte Sartre ihn zitiert: »Wenn es keine Juden gäbe, müßten die Antisemiten sie erfinden.« (Zit. in: Julijana Ranc, »*Eventuell nichtgewollter Antisemitismus*«. *Zur Kommunikation antijüdischer Ressentiments unter deutschen Durchschnittsbürgern*, Münster 2016, S. 199.)

konnten, die sich selbst gleichsam immer wieder neu entdeckt, ja längst in sich selbst wurzelt. Kein antisemitischer Spruch, der kein Zitat oder eine Paraphrase eines anderen längst bekannten wäre. Was fällt den »Israelkritikern« ein, wenn sie mit den weltöffentlichen Morden der Hamas an jüdischen Babys konfrontiert werden? »Israel mordet Babys.« Es wird das Schlagwort wiederholt, das schon vorher kursierte, wird zitiert, was die christlichen Judenfeinde immer schon vor sich hin phantasierten und was noch Hunderte von Jahren in den Köpfen präsent war. Ein Zitat aus dem Jahre 1951: »Daß Juden zu Osterfeiern arische Kinder schlachten, das kann man doch nicht einfach aus der Luft greifen.«[18] Mit »Wo Rauch ist, ist auch Feuer« benennt Adorno dieses Redeschema. Dass man ihm aber beikommen könnte, indem man dem, der sich seiner bedient, »entfaltet«, es handele sich dabei um den Ausdruck eines bestimmten psychischen Mechanismus und überdies um eine Ideologie, ist eine Illusion.[19]

18 Zitiert aus: Theodor W. Adorno, »Die autoritäre Persönlichkeit«, in: ders., *Vorträge 1949-1968*, S. 259 (Adorno zitiert aus dem Protokoll 34 des »Gruppenexperiments«).

19 »Denn kann man sich jemanden vorstellen, der allen Ernstes sagen würde: ›Es muß etwas an der Tomate sein, da es mir graust, sie zu essen.‹« (Sartre, *Überlegungen zur Judenfrage*, S. 11.)

Dass Antisemitismus sich selbst zum Beleg seiner Triftigkeit macht, ist Teil seiner Erfolgsgeschichte. Als Lessing in seinem Stück *Die Juden* dessen Hauptfigur und Sympathieträger am Ende als Juden offenbart, trägt ihm das die Kritik ein, ein Jude könne kein so sympathischer Mensch sein, müsse er doch wegen der Behandlung, die Juden christlicherseits erlitten, voller Ressentiment sein. Der deutsche Historiker Heinrich von Treitschke, der den Satz »Die Juden sind unser Unglück« geprägt hat, warnte 1879 vor der jüdischen Einwanderung aus Polen mit dem Argument: »Wir Deutschen aber haben mit jenem polnischen Judenstamme zu thun, dem die Narben vielhundertjähriger christlicher Tyrannei sehr tief eingeprägt sind« und der darum dem »germanischen Wesen« fremd gegenüber stehe.[20] Als Theodor Herzl die Unterstützung von Papst Pius X. für seine Idee eines Judenstaates in Palästina suchte, beschied ihm dieser, die Juden hätten Jesus nicht als Gottes Sohn anerkannt, er könne die Juden nicht als ein Volk anerkennen. Das alles heißt so viel wie: Die Juden werden uns

20 Heinrich von Treitschke, »Unsere Aussichten«, in: *Der Berliner Antisemitismusstreit*, neu hg. von Nicolas Berg, Berlin 2023, S. 61-74, hier S. 70.

Antisemiten wahrscheinlich hassen, weshalb wir etwas gegen sie unternehmen müssen.

Dieser Selbstbezug, so abwegig er scheinen mag, bewirkt die Stärke und historische Haltbarkeit des Antisemitismus. Der Antisemitismus hat in seiner Geschichte eine eigene Art Universalismus ausgebildet. Es gibt ihn mit und ohne Juden, es gibt ihn religiös und antireligiös, es gibt ihn mystisch und in wissenschaftlichem Jargon, es gibt ihn als Teil rechter wie linker politischer Überzeugungen. Ob die Chauffeure, die Adorno bei antisemitischem Gerede erlebt und von denen einer ihm sagt, sie seien heute Nazis, morgen Amerikaner und übermorgen Kommunisten, hätten sagen können, Antisemiten seien sie so oder so, kann man nicht wissen. Unwahrscheinlich ist es aber nicht. Am Ende ist es aber mit dem Antisemitismus wie bei einer Alkoholsucht: Man mag auf ganz unterschiedlichen Wegen dazu gekommen sein, am Ende ist man vor allem Alkoholiker oder Antisemit.

Wichtig ist Adornos Hinweis an die Pädagogen, die Haltung, gegenüber autoritär Gesinnten mit betont nicht autoritärem Gestus auftreten zu wollen, beruhe auf falschen Voraussetzungen. Politik – und die Bekämpfung des Antisemitismus gestern wie heute ist Politik – findet nicht im Kindergarten statt, und pädagogische Attitüden, die dort ihren Ort haben, sind hier nicht am Platz. Wie autoritäre beziehungsweise autoritätsgestützte Interventionen aussehen könnten, steht allerdings nicht im Text – mit einer Ausnahme: Die antisemitischen Redereien der Chauffeure, die ja laut genug gewesen sein müssen, um aufzufallen und geahndet werden zu können, beantwortet Adorno mit einer Anzeige bei der Polizei.

Die Plausibilität und die Notwendigkeit solcher Antworten ergeben sich übrigens nicht aus der »besonderen deutschen Verantwortung«, sondern aus der Idee der politischen Verfassung, die westlichen Demokratien zu Grunde liegt. Eine Agitation, die in ihrer gesamten Geschichte darauf gezielt hat, eine Bevölkerungsgruppe wenigstens zu vertreiben, oft auszulöschen, ist kein Objekt für eine Übung in Rücksichtnahme. »Der Antisemitismus«, schrieb Sartre 1949, »fällt nicht in die Kategorie von Gedanken, die das Recht auf freie Meinungsäußerung schützt.«[21] Ein bemerkenswerter Satz, und letztlich hat sich auf seinen Geist das »Verbot der Holocaust-

21 Sartre, *Überlegungen zur Judenfrage*, S. 10.

leugnung« gestützt, obwohl Sartre derlei nicht im Blick hatte. Das Leugnen dieser historischen Tatsache ist offensichtlich etwas anderes als das Leugnen der Ermordung Caesars. Man ahndet das Leugnen, nicht weil es eine Tatsache behauptete (oder bestreitet), sondern weil es einen Massenmord durch augenzwinkerndes Leugnen offensichtlich billigt. Darin lag und liegt ein rechtliches Problem, das nicht auszuräumen ist. Auf der Hand liegt nur der Streit um das Vorliegen oder Nichtvorliegen von historischen Tatsachen, der in diesem speziellen Fall eine andere Interpretation erfährt. Dass mittlerweile auch die Leugnung anderer staatlicher Verbrechen sanktionsbewehrt ist, kann man begrüßen, wenn man meint, es gehe darum, unterschiedlichen historischen Opfergruppen Gerechtigkeit (im Sinne von: Anerkennung ihres Leides) zuteilwerden zu lassen. Man kann fragen, ob das der Zweck von Gesetzen sein sollte – der Sinn der Ahndung der Holocaustleugnung war es ursprünglich nicht.[22]

22 Ein weiteres Problem, das folgte, war ein Wettkampf um die Anerkennung von Massenmorden als Genozid/Völkermord. Da der internationale Sprachgebrauch dazu tendiert, »Genozid« als »das schlimmste Verbrechen« anzusehen – darum ging es bei der Einführung des Begriffs in das internationale Recht je-

In welcher Form und in welchen notwendigen Grenzen man auch immer das Auftreten staatlicher Autorität bei der Bekämpfung des Antisemitismus für richtig hält, am Anfang sollte stehen, dass staatliche Repräsentanten in den Kundgebungen ihres guten Willens sich nicht selbst lächerlich machen. Die Phrase, Antisemitismus habe in Deutschland »keinen Platz«, ist von abgründiger Dummheit. Auch wenn sie die Umformung eines Satzes mit »sollen« oder »dürfen« in eine verstärkende Aussage mit »sein« oder »haben« sein soll (Prototyp ist die Verwandlung von »soll nicht sein« in »kann nicht sein«), dokumentiert diese Verstärkung bloß die Transformation empfundener Hilflosigkeit in kindischen Trotz. Eine Art Mit-dem-Füßchen-Aufstampfen. Denn es geht ja darum, dass manifeste antisemitische Agitation sich ihren Platz geschaffen *hat*. Gleichfalls ist der Satz »Nie wieder!« dann eine Manifestation von Geistlosigkeit, wenn er in dem Augenblick gesagt wird, in dem es gerade wieder oder erneut *geschieht*. Niemandem kann immer etwas Kluges einfallen, Sprachlosigkeit ist keine Tu-

doch nicht! –, klingt der Satz wie »Ein Massenmord ja, aber ein Genozid war es nicht« bereits wie eine »Verharmlosung«.

gend und ihre öffentliche Beschwörung nicht mehr als eine Sentimentalität. Aber wenn man etwas sagen muss, gibt es eine Pflicht, nachzudenken und sich nicht der Dummheit und der Phrase gedankenlos und gleichzeitig mit selbsterbaulichem Tremolo zu überlassen.

Interessant ist, dass in Adornos Vortrag nicht vom Erklären des Antisemitismus (oder vom Erklären, dass heute immer noch oder schon wieder …) die Rede ist. Der gerne an die Sozialwissenschaften herangetragene Wunsch, etwas »erklärt« zu bekommen, ist der Wunsch nach Beruhigung. Ist etwas »erklärt«, setzt ein Gefühl à la »Ach so, das war es also« ein, man kann, was zuvor beunruhigt oder wenigstens irritiert hatte, nunmehr, wie man treffend sagt: einordnen, sprich: ad acta legen. Hinter dem Wunsch nach »Erklärung« steckt etwas Magisches. Wenn man weiß, was »dahintersteckt«, ist das Gespenst gebannt – ach, bloß das – oder es macht sich davon, wenn man es beim Namen (»Rumpelstilzchen«) nennt. Aber »hinter« dem Antisemitismus steckt nichts, was hervorzuholen und einer nunmehr erstaunten und belehrten Öffentlichkeit zu präsentieren wäre. Antisemitismus ist das Predigen von Hass, der Wunsch nach Vernichtung. Seine Geschichte zeigt, was er war und ist. Die antisemitische Agitation bezieht ihre Selbstlegitimation aus ihrer eigenen Geschichte. Die Geheimnislosigkeit des Antisemitismus ist sein anhaltendes Karrieremodell.

Jan Philipp Reemtsma

Über die Autoren

THEODOR W. ADORNO (1903-1969) war Philosoph und Soziologe. Er zählt zu den Hauptvertretern der Kritischen Theorie der »Frankfurter Schule«, die aus dem Institut für Sozialforschung an der Johann Wolfgang Goethe-Universität in Frankfurt am Main hervorging. Darüber hinaus wirkte er mit seinen Vorträgen, Rundfunkbeiträgen und Publikationen maßgeblich auf das kulturelle und intellektuelle Leben Nachkriegsdeutschlands ein. Sein Werk erscheint im Suhrkamp Verlag.

JAN PHILIPP REEMTSMA, geboren 1952, ist Professor für Neuere Deutsche Literatur an der Universität Hamburg. Für sein Werk erhielt er zahlreiche Auszeichnungen, zuletzt den Moses-Mendelssohn-Preis, den Weimar-Preis und – für sein Buch *Christoph Martin Wieland. Die Erfindung der modernen deutschen Literatur* – den Bayerischen Buchpreis.